U0000730

法律白話文小學堂

召喚法力

法律白話文運動 著

PLAIN LAW MOVEMENT

壹

你嘴砲轟擊，我重磅打臉！

言論自由

貳

議題再起，為你發聲！

婚姻平權

參

一碗情慾牛丼～歡迎指點法律！

性工作、性交易與性產業

肆

社福不是慈善，法律沒有局外人！

社會福利

伍

業力引爆！十萬青年十萬肝

勞動權益

陸

邊緣國被邊緣，然後它就死掉了？

國際與國際法

打官司別冊

厲害了你的法！

序

用法律思辨議題，讓台灣更好！

不知道大家有沒有發現，打開法律白話文運動的網站時，在美美的書法字下面有著一排小小的文字：「從議題關心法律，用法律反思議題」？

在二〇一七年，我們第一次從虛擬跨入實體推出了《江湖在走，法律要懂》，沒想到立刻又要迎接第二本書《召喚法力》的到來。兩本書都是以推廣法律知識作為主要訴求，但是《江湖在走，法律要懂》的主軸是生活中人們會遇到的大小法律問題，《召喚法力》則是介紹台灣近年熱烈討論的各項議題背後所涉的法律觀念，而這也讓本書與市面上其他法律書不同，我們不著墨既有制度賦予人民的權利義務及制度保障，而是帶領讀者用法律思考批判現行制度。

法律白話文運動與傳統法治教育不同，因為我們認為法治教育的目的不僅止於教導民眾守法，更應將法律制度背後所蘊含的民主、人權與法治之價值傳達給民眾，使民眾知法，進而有能力批判法律。因為我們的生活中無處不與法律有關，而法律制度背後所代表的可能是當時的民意、國家與人民間的關係，這些制度同時保護了某些人，卻可能同時壓迫著另一群人，因此我們不應盲目擁護制度，也不能輕易推倒制度，而是透過民主、人權與法治的論述，找出各種制度的缺失與不足之處，進而讓制度變得更好，我們的社會也能因此更臻善美。

在本書中，我們從這個島嶼上發生的事件中挑選了六個議題，從制度背景、發生了哪些事以及其中所牽涉的法律議題出發，和大家分享這些議題背後所牽涉的問題，其中的法律制度如何影響或將如何影響我們？更進一步地，在其他國家中相似的法律制度裡，能不能讓我們找到其他選擇、借鏡的參考對象，可以使得制度更健全、更符合人民所需呢？

距離法律白話文運動上線，轉眼間就過了五年了，一路走來，我們不斷地關注著在這個島上發生的大小事、反思著各種議題中法律可能形成的問題，因為我們深知法律影響的範圍有多深遠，我們也知道，可以這樣自由地關心各種社會議題，是活在這個國家最重要的價值。身為法律人，我們希望利用這本書帶給台灣社會小小的影響力，集結更多的力量讓我們的國家變得更好。

壹

你嘴砲轟擊，我重磅打臉！

言論自由

蕭埼成　劉珞亦

現在是民主的世代，所以我們有言論自由，
可以在臉書、IG、DCard 或 PTT 上發表觀點，
但是，言論自由有沒有界線呢？

如果我以「做夢」的名義嘴別人，會不會被吉？
社群網站到底該不該有審查機制？

又或者我上街抗議，踩到執政者心中最軟的一塊，
政府有權禁止嗎？

作者	夢中人
標題	[爆卦] **在台北市某局處睡午覺，做了個夢**
時間	Wed FEB 3 11:23:38 2016

強者我家人在台北市某局處 swag 午覺，做了一場夢。

夢境在台北市某局處，與同事們討論為什麼「政黨票」不應該放棄「有真正進步價值」的小黨，因為這是木可伯伯的切身經驗。最近一個月，天龍市府在審總預算，但是極其重要且關乎年輕人的預算一直過不了，這除了是某個南波萬的政黨故意做梗之外，另一個號稱要點亮呆彎的政黨也有不乾淨的黑黑議員浮上檯面。

同時，木可伯伯在上任後，之所以會大力地、實質地與某帝國學府合作，嘗試推動在地市民的「參與式預算」，是因為木可伯伯認知到兩個大黨中，有很多信仰舊政治的、金權政治的議員，這些議員橫跨了各個年齡層，大多跟特定產業有關的。佼佼者好比：腫大平、重伸彥、午叔華、東彥柏等等，呵呵。

許多議員在某方面的磁場是相通的。目前信仰金權政治、舊政治的議員，根本性地阻擋了所有交到議會送審的參與式預算，因為參與式預算徹底撼動了地方議員在款項、預算執行、分配等等的過程中可以分得的巨大利潤。

突然就這麼醒了，好冷。

——

PTT做夢錯了嗎？還要賠錢、登報道歉？

前面的夢境文大家應該不陌生，這是經常在網路上出現的文章，不過這一則是二〇一六年年初在ＰＴＴ八卦版張貼的「夢境文」，當年年底，這篇文章的作者因為這篇文章而被法院判決有罪，處拘役五十九日以及賠償十萬元！

難道，在網路上分享夢境錯了嗎？

你以為說「做夢」就沒事？別把法官當恐龍

「有一次我做夢夢到……就醒了」是一種在ＰＴＴ等網站中常見的發表方式，作者用「做夢」的方式發表文章，針對指涉對象以「暱稱」方式影射相關內容，認為當遭受指控時，可以用「夢境」為由來避免相關的法律責任。

但法官不是塑膠做的，當大家都知道夢境文是一種影射，法官難道會不知道嗎？所以法院判決認為，**只要一般人從文義推敲能夠發現作者影射的對象是誰的話，作者仍然構成「誹謗罪」**，因此夢境文是沒有辦法逃脫法律責任的！

「誹謗」和「公然侮辱」，差在哪裡啊？

所以在網路上講話，是會觸法的，通常最最容易觸犯的罪就是「誹謗」及「公然侮辱」，但是，明明一樣都是在罵人，這兩種犯罪到底差在哪裡啊？

❶ 我罵出來的話，有「真假」的可能，就是誹謗！

如果我「造謠、栽贓、誣賴」，把「假」的事情扣在別人頭上，然後想講給大家聽而對外傳播，這樣的行為就是所謂的「誹謗」，而「謠言、栽贓、誣賴」指的都是一件「具體的事實」，也就是**能夠被確認是「真的」還是「假的」的事實**才是誹謗的內容。譬如說，春嬌在臉書貼文：「突然回家，門打開看到老公志明跟別的女人躺在床上！！#覺得憤怒」，但是，這件事其實是「假的」，只是春嬌為了離婚故意誣賴志明，春嬌的貼文就會構成誹謗，而需要承擔眼睛的業障刑事責任喔！

誹謗罪並不像公然侮辱罪有「公然」的要件，所以就算是只有兩個人之間的私訊對話，只要你**有想要散播給大家知道的想法**，就可能構成誹謗罪了；此外，如果用「文字」、「圖畫」的方式進行誹謗，由於這些方式的散播能力比單純的「說話」還要更強，所以《刑法》針對這些方式進行的誹謗行為增設加重處罰的特別規定，而前面提到的案例當中，春嬌在臉書貼文就是使用「文字」進行誹謗，所以春嬌構成的將是刑法上的加重誹謗罪喔！

❷ 在大家面前「訐譙」，給別人難看就是公然侮辱！

相對於誹謗所要求的具體事實，**侮辱的內容往往都是「抽象的貶低謾罵」**，**只要是對別人開罵，不管是問候別人家人、祖宗的三字五字七字經，或是拿別人的長相、智商各方面來發揮等等，都屬於侮辱。**因為侮辱的範圍太廣泛了，所以《刑法》處罰的侮辱還必須具備「公然」的要件，**必須在很多人或是不特定的人都可以看得到的狀況下罵人**，才會成立犯罪。如果只是在兩個人的小視窗對話中罵來罵去，一般人應該不會看到，原則上也就不會構成。以網路言論而言，在臉書貼文、在PTT板上PO文、甚至是在LINE的群組中傳訊息都曾被法院認定是「公然」的狀態。

除了有罪，還要賠錢、登報道歉！

文章一開始的夢境文除了被判有罪之外，還被判須要賠錢，為什麼？因為在我們法律系統上，有分成「民事」及「刑事」，所以亂說話除了有可能被判「誹謗」及「公然侮辱」罪之外，還有可能被告《民法》上的「侵權行為」，是需要賠錢的！但必須強調的是，**刑事法院與民事法院之間的判斷是互相獨立的**，刑事法院只關心構不構成犯罪，而民事法院則是關心需不需要負擔損害賠償責任，兩邊的判斷可能一樣也可能不一樣（有可能不構成犯罪但還是要負擔損害賠償責任）。

依照《民法》規定，名譽權遭受侵害，被害人（也就是案例中的市議員）可以請求賠償「相當金額」，實務上法院對於相當金額的計算，會參考加害行為（也就是案例中P〇夢境文的行為）與被害人所受痛苦、加害人與被害人身分、經濟地位等因素加以考量。除此之外，依照《民法》規定，被害人還可以請求加害人進行「回復名譽之適當處分」，例如要求加害人登報道歉就是常見的方式之一。

網路言論用法律管不住也放不開

除了民刑事責任之外，《社會秩序維護法》中對於在網路上「散佈不實謠言」的行為，也有處罰規定，最高可以處三萬元以下罰鍰或甚至是拘留三日以下的行政處罰。總而言之，在網路上發表言論，一個不小心，就可能要負擔許許多多的法律責任！這樣的法律設計有時也讓人覺得，政府你會不會管太多啊？

可是，這些年來，出現許多令人遺憾的社會新聞，也開始讓人反省，是不是國家該對於網路言論加以管制？要管得多深？國家能夠伸手的界線在哪裡？這一個個問題其實都很難找到答案，但至少可以確定一件事，網路世界改變了人類的生活方式，也對法律產生很多挑戰，言論自由碰上網路只是其中一部分。我們不可否認的是，透過網路每個人的意見更容易被看見、被重視，也使得各種議題的討論更加方便快速，這是保障言論自由的重要意義之一，但也因為這些特性，使得言論可能造成的傷害比過去來得更快更強，兩者之間如何平衡，是一個難解的課題。

吳慷仁說得好，為什麼廣告不事前審查？

知名影星吳慷仁曾在臉書動態上寫下這段話：

吳慷仁 Kang Ren Wu

正看電視看到了一個電玩廣告，用了不妥當的動作搭配著雙關語，一個男生用手搭在女生的頭上然後壓在他腹部附近，搭配上女孩的聲音「我幫你6一波」……

我不曉得是不是我會錯意，但除了我想到的意思外，我不懂這是什麼時下流行的動作，我很生氣，一是不尊重女性，二是廣告怎麼能這樣播出？電視打開就看到內容，是不是可能對年輕的女孩有所誤導的疑慮。

國家通訊傳播委員會（NCC）你怎麼了？！這廣告一點也不幽默！

3,139　60則留言　7次分享

讚　留言　分享

吳慷仁看到很猥褻的廣告，所以很生氣，希望NCC應該要事前審查，把這種廣告過濾一下，不要讓這種廣告讓人看到。但是NCC有特別出來說：「事前審查，是違憲的！」為什麼「事前審查」是不對的？難道要避免這樣的噁心廣告也有錯嗎？

我們先來看一個故事。

化妝品廣告，也要政府審核？

在幾年前，著名的化妝品廣告公司「蝶翠詩」（也就是DHC），想要在Yahoo購物中心刊登「防曬乳」的廣告，結果刊登上去不久，台北市政府衛生局就說：「欸欸，按照《化妝品衛生管理條例》（現已修改為《化妝品衛生管理法》），你要經過我們核准才可以刊登！雖然你有申請，可是你的內容已經超出你的申請範圍了！這樣不行，先罰你三萬！」

為什麼化妝品廣告要事前審查？當初立法目的是這樣說的：「我們之所以要這樣

事前審查，是因為**怕廣告裡面有猥褻、傷風敗俗、虛偽誇大的內容，為了保護社會善良風俗以及人民的健康**，只好這樣管制了喔！」

但DHC公司覺得很不甘心，他們覺得國家不應該隨便審查我們做的廣告，因為只要有審查，就會造成廣告製作上的麻煩，可能這個不行、那個要小心，整個廣告製作綁手綁腳，創意也不能好好發揮，而且最重要的是：「廣告」就是一種表達人想法的形式。如果政府可以輕易地審查而拒絕，不就是一種「言論自由」的打壓嗎？

所以，DHC公司一路打到大法官解釋。

大法官說：「事前審查言論，不對欸！」

在這號解釋中，大法官認為「事前審查」對人民的言論自由就是一種很重大的限制，其實原則上是不應該的。除非！**如果那個言論一說出來，會對一般人民產生生命或健康難以回復的危險，這樣才可以事前限制。**

並且，本案是化妝品廣告，化妝品這種東西，就是擦在人的外在，要嘛是讓頭髮皮膚更加光亮、要嘛是掩蓋體臭，總之就是在修飾容貌的東西啦。而化妝品廣告的目的，就是在吸引大家來買而已，很難想像會對人民產生生命和健康立即性的危險。

大法官認為立法目的是保護善良風俗，這個和言論自由事前審查所要保護的人民生命健康權利相比，實在很難說它是重大公共利益欸，因為就算傷風敗俗也難說對於社會會產生什麼立即的傷害，所以手段和目的上都有問題！

最後，大法官宣告當時的《化妝品衛生管理條例》事前審查化妝品廣告的規定，違憲！

不就是化妝品廣告，跟什麼生命健康有什麼關係啊？

看到這邊，大家可能會疑惑，不就是對於「商業廣告」做審查嗎？為什麼要講得這麼嚴重？還講到什麼生命健康威脅？

那是因為「言論自由事前審查或是禁止」，有一段可怕的黑暗歷史，使得法律碰到時就必須如此謹慎。

在戒嚴時代，曾經有一部法律叫做《懲治叛亂條例》，裡面的規定都很可怕，如果你曾經發表「顛覆政府」的言行，你會直接適用當時最有名的「二條一」，也就是《懲治叛亂條例》第2條第1項：「犯《刑法》第100條第1項、第101條第1項、第103條第1項、第104條第1項之罪者，處死刑。」翻譯成白話文，就是只要你犯了上述的罪，通通從本來的《刑法》規定改為「唯一死刑」。

而《刑法》第100條第1項是這樣規定的：「意圖破壞國體、竊據國土，或以非法之方法變更國憲、顛覆政府，而著手實行者，處七年以上有期徒刑……」而按照當時的做法，就是如果抓到你有「言論」是意圖「破壞國體」，就有很高的機率會被處以死刑。

例如什麼言論呢？好比說你是老師，在上課時講過類似「台灣獨立」的言論，或是曾在日記裡寫過你支持社會主義或是共產黨，就有可能會被以這條罪來處理。

也就是說，過去確實有人單單因為「言論」失去生命。不僅如此，當時還有《出版法》，用來審查各種書籍，政府也會審查「歌曲」，避免書和歌曲出現政府不希望看到的東西。

言論審查，容易成為政府控制的手段

其中一位大法官就在意見書說了這段話：「我國在威權統治時期，事前審查機制也是當時政府打壓異己、控制社會的重要工具之一。殷鑑不遠，尤應引以為戒。即使是在民主時代，也應注意國家改以善良家長自居，而將粗魯的鎮壓暴力，轉換成細緻的規訓工具，繼續沿用。」

這也都指向，**言論的事前禁止若不好好規範，很容易會成為打壓「思想」的工具。**

今天若因為廣告討厭噁心，所以進行事前審查，那麼會產生許多問題。第一，什麼是「討厭噁心」？第二，萬一明天政府開始審查其他議題呢？一不小心，就有可能會變成政府控制社會的可怕工具。

因此，如果政府每則廣告都審查，那會非常可怕。如果我們覺得這則廣告噁心，最可以做的事情就是運用你的影響力，發臉書動態批判，**運用不會被「事前審查的言論自由」去思辨、去討論，這樣或許也可以達到你想要的效果，但是這種效果是來自民間的力量，而不是政府的手。**

當然，吳慷仁已經做了很好的示範了，也謝謝你對社會議題的關心！

老大哥，您變裝了嗎？——
談社群網站的言論管制

老大哥在看著你！

Big Brother
is
watching
you!

所謂自由就是可以說二加二等於四的自由。承認這一點，其他一切就迎刃而解。

Freedom is the freedom to say that two plus two make four.
If that is granted, all else follows.

——**喬治・歐威爾，《1984》**

英國作家喬治．歐威爾在一九四九年出版了《一九八四》這本小說，「老大哥」正是喬治筆下的經典人物。作為極權政府的象徵，老大哥統治下的人民隨時都受到政府監控，而距離《一九八四》出版即將滿七十年的今天，老大哥……真的離開了嗎？還是，老大哥用變裝的方式出現了？

有些貼文你看不見——社群網站的言論審查機制

上一篇我們談到國家的審查，在《一九八四》中所提到的老大哥，也是「極權國家」的一種象徵，但是在網路世代，常常審查我們的不是國家，而是跟我們一樣處於「人民」地位的社群網站所屬「公司」。

像是臉書這樣的社群網站，其實會對用戶的貼文內容進行審查，如果發現內容不符合網站規定的話，還會把貼文刪除下架。例如臉書在全世界分別設立了十一個團隊辦公室，專門制定貼文內容的規則，此外，還有約兩萬人專門負責審查臉書上面的貼文。至於什麼樣的內容會被下架呢？其實，你只要在臉書檢舉過別人的貼文，就會發現臉書禁止的貼文類別，**如裸露、暴力、不實報導或是仇恨言論等等，都是會被下架的類別**。

其實這樣的機制不難理解，如果把臉書想像成一棵樹，這棵樹隨著時間越長越大，勢必會出現一些需要修剪的枯枝。尤其是剛剛提到的那些下架類別，例如貼文內容涉及種族歧視、血腥暴力等等，也確實容易造成一些用戶產生不舒服的感覺，所以社群網站言論審查的機制似乎也有其必要性。

話雖如此，就算我們能接受特定內容貼文需要被下架，但到底哪些內容會被下架？臉書怎麼去認定貼文的內容違反規定？這些問題也時常被質疑，尤其當談論政治的貼文被下架時，更會質疑臉書是不是偏袒哪一方，其中在台灣最兩極化的「藍綠」、「統獨」就是典型的例子。曾有鄉民同時貼了兩則政治傾向兩極化的貼文來做實驗，看看哪則貼文會被移除，最後的結果是支持台獨的言論被下架了！

同時，也會有人質疑，臉書畢竟是營利事業，是不是可能會因為商業考量而影響言論審查的中立性呢？針對這些質疑，臉書官方的回應說明，有關貼文的社群守則其實早就公布了，而審查機制的運作也堅持透過人工方式，並針對不同語言聘請專精該語種的人進行審查，所以並不會出現對某種政治傾向的言論進行下架的狀況。

你說下架就下架，這樣合法嗎？還真的有國家開始管制網路言論！

在前一段談到臉書將用戶的貼文下架的情形，就是對用戶發佈的言論「內容」進行管制，但因為臉書不是國家，而且你在辦臉書帳號的時候，也都同意遵守使用條款了（對，就是你沒有仔細點開看的那個東西），所以當你發表了一則違反使用條款的貼文，臉書可以把你的貼文下架。可是，如果國家要求像臉書這樣的社群網站，必須下架特定內容的貼文，你覺得合理嗎？

因為網路上的言論，在社群網站發明後達到前所未有的傳播速度，完全是對當代社會的一個新威脅！試想，如果一個「假」的，而且又對「特定種族」進行攻擊的消息在短時間內散播，造成危險的話該怎麼辦？

所以世界各國開始對於這種新的議題進行管制，例如德國的《網路執行法》，要求社群網站必須刪除違反德國《刑法》的各種言論和暴力色情內容，像是煽動犯罪、對特定種族宗教的辱罵等等，還包含對其他用戶誹謗或侮辱的貼文也必須刪除，如果網站違反規定不下架，最高可處約十八億新台幣的罰鍰！

另外，像越南和柬埔寨這些國家，也都針對網路言論開始加以管制，越南最近通過的《網路安全法》規定，如果網站傳播反政府、扭曲越南革命、散布不符傳統道德、誹謗宗教等等的言論，就會被列入黑名單，同時，政府可以要求網站刪除這些違規的言論！而柬埔寨則要求所有網站必須向政府登記，如果在網站上刊登假新聞，除了會有罰鍰處罰，甚至還可能被關！

看看別人也要想想自己，其實在台灣也有管制網路言論的措施出現，為了因應過去出現的網路霸凌事件，**行政院與立委提出的《數位通訊傳播法》草案，給予各社群網**

站「立即下架」以換取免責的機制，如果用戶張貼違反規定的貼文，社群網站在發現後主動下架的話就可以免除賠償責任。

除此之外，如果用戶認為某則貼文是在針對自己，對網站提出檢舉，而網站在收到檢舉後立即下架的話，也同樣可以免責。舉例來說，如果小亦在臉書看到一篇小華的貼文，內容是在嘲笑小亦的頭髮越來越少，小亦不爽而向臉書檢舉，臉書收到檢舉後馬上下架這篇貼文的話，依照草案的規定臉書可以免除賠償責任。這樣的規定看似合理，但如果把小亦換作是政府機關、或是行政官員的時候，那是不是感覺又有些不同了呢？

網路言論管制，尺度難拿捏

前一篇文章提到，因為人民有言論自由，所以要尊重每個人發表意見的權利，特別是不能因為想表達的「內容」讓人不爽，就禁止這樣的聲音出現。但是，我們看到不僅像臉書這樣的社群網站開始將用戶的言論內容下架，甚至國家也開始制定法律來管制網路上的言論，這樣真的沒關係嗎？

會開始管制網路言論，是因為「社群網站」讓意見的傳達變得很快速，每個人發表意見的影響力比過去大很多，而**當極端的言論（例如歧視性的言論、煽動犯罪等等）透過網路傳遞時，可能很快就會造成嚴重的傷害**。從這個角度觀察，管制網路言論似乎滿合理的？

臉書之所以可以下架用戶的貼文，主要是用戶在註冊帳號時已經同意臉書這樣做，而且也是為了讓臉書跟小鎮村一樣和平，讓每個用戶都可以和諧互動；但是，除了煽動犯罪，或是歧視性言論這種傷害明顯的貼文之外，有時候一些灰色地帶的貼文也會被臉書下架（例如前面談到不同政治立場的貼文），這不禁讓人思考，臉書的下架機制真的合理嗎？

同樣的問題，在國家管制網路言論時會變得更加嚴重，因為我們始終擔心一件事——國家利用管制言論的手段來消除對自己不利的聲音，**如果我們讓國家可以隨意**

「**下架」言論，批評的聲音就可能越來越少，讓國家變得越來越獨裁**。因此，就算網路言論真的需要被管制，國家在處理這件事時也必須非常小心，不然很容易就會被批評侵害言論自由，例如前面提到德國的《網路執行法》就常常受到這樣的質疑，台灣的《數位通訊傳播法》草案同樣也有批判的聲音出現。

綜合來看，**網路言論的管制有一定程度的需求，但關鍵問題在於：下架的標準該如何拿捏**？這是一項難解的習題，尤其當管制的範圍從「臉書」擴大到「國家」時，這個標準就更需要嚴肅地對待，否則很容易就會侵害言論自由。又或者當國家與社群網站之間出現看法不同時，該如何決定？這一個個問題也反映出我們應該去思考，究竟該如何面對網路言論這個議題，你覺得呢？

言論自由是用表達的，但「不想說」也是言論自由嗎？

寫 信 告 訴 我
今 天
海 是 什 麼 顏 色
夜 夜 陪 著 你 的 海
心 情 又 如 何
灰 色 是 **不 想 說**
藍 色 是 憂 鬱
而 漂 泊 的 你
狂 浪 的 心
停 在 哪 裡

聽海哭的聲音真難過，灰色的海是不想說，言論自由不只讓你說，不想開口不該逼迫。前面我們都在討論「你想說，政府不讓你說」的情形，但如果是相反的情形呢——「你不想說，政府卻逼你說」，這樣的情況也會受到言論自由的保障嗎？先來看看兩則案例！

「尼古丁十毫克」和言論自由有關係？

如果是有吸菸或是買過菸的讀者，在買菸的時候除了會在菸盒包裝上看到「菸癮困你一生」、「吸菸會導致性功能障礙」這幾種標語之外，一定也會看到菸盒上標示你買的香菸含有多少的尼古丁與焦油，這是因為《菸害防制法》規定菸商必須在菸品外包裝標示這些資訊（不然你以為菸商印表機墨水買太多？），而大家對這些標示也都習以為常，~~不會因為看到這些標示就嚇到不抽菸。~~

但是，過去《菸害防制法》並沒有規定菸品必須標示尼古丁與焦油的含量，直到新法施行後才增加這些要求。因此，當一天和尚敲一天鐘，當一天菸商產一天菸，新法未通過前生產的菸當然沒有標示尼古丁和焦油含量，於是這批香菸就成為爭議所在，因為行政機關在新法通過後，立刻依照新的規定對菸商開罰了！

針對這批數百萬包的香菸，菸商其實已經投入資金回收貼標示了，但就在貼標示的過程中，行政機關就對廠商開罰，菸商被罰當然會不爽，所以就提起訴願訴訟，但結果都敗訴。最後，菸商針對新法的規定聲請釋憲，而菸商認為新法違憲的理由之一就是——「我就是不想標示啦！」不行嗎？

菸商的想法其實不難理解，主要是認為「言論自由」就是在保障每個人都能夠自由地思考，不論是什麼內容的言論，政府都有義務盡量給予發表的空間。既然如此，**人民自然也有權利可以選擇沉默，如果政府強迫人民「坦白」，也會侵害人民自由思考的權利**。因此，言論自由除了保障「積極表達意見」之外，也應該包括**消極不表達意見的「不表意自由」**！

菸商的主張，大法官聽到了，也在釋字第577號解釋中承認「不表意自由」受到憲法的保障，但是，大法官認為為了保護國民健康，有必要讓大家知道菸的尼古丁含量，這是具有「重大公益」的！所以要求菸商標示並不過分，最後仍然認為《菸害防制法》的規定合憲。

「對不起！我錯了！」——恢復名譽與公開道歉

之前的文章曾提到，在網路上發表言論可能會要負擔損害賠償與登報道歉（回復名譽）的民事責任，其中針對「登報道歉」或者說「公開道歉」的規定，也曾經有人不爽而提起釋憲喔！就是著名的「嘿嘿嘿事件」。

這個事件很有名，在二〇〇〇年時，《新新聞周刊》出刊時有一個聳動的標題：「鼓動緋聞，暗鬥阿扁的竟然是呂秀蓮！」內容大致上是在說，有人詢問時任副總統呂秀蓮關於時任總統陳水扁和某立法委員的緋聞關係，然後呂秀蓮回答：「嘿！嘿！嘿！」似乎暗示這件緋聞是真的，所以報導後引起一陣軒然大波，呂副總統也因此對新新聞提出民事訴訟。

這場訴訟一路打到最高法院，最高法院認為，法院向來的見解就是認為「登報道歉」是一種回復名譽的適當方式，所以判決要求新新聞必須「登報道歉」，判定新新聞敗訴！所以新新聞不爽，針對《民法》中登報道歉（回復名譽）的規定聲請釋憲，最後誕生了釋字第656號解釋！

大法官這次不僅再度承認「不表意自由」受到憲法保障，同時更進一步說明，《民法》規定包含的「登報道歉」行為，的確會產生對不表意自由的侵害，但國家對於人民的「不表意自由權」並不是不能限制！但人民不想說話的原因有很多，可能是因為道德、倫理的考量，也可能因為內心的信仰，不管是什麼原因，都是人內心世界自由產生的想法，**國家應該尊重每個人心裡的小宇宙**。

所以，在妨害名譽的案件當中，不能夠隨隨便便就要求別人登報道歉，**必須要考量被侵害的人受到的侵害程度，並綜合判斷登報道歉的內容是否合適**。譬如說，如果要求加害人必須刊載澄清的事實內容、刊載判決內容等等，還可算是合理手段，但如果要求加害人用「自我羞辱」或是損害個人尊嚴的方式道歉，這樣的方式恐怕就超過合理的程度了。

更精準一點來說，判決要你登報道歉，會涉及違反「不表意自由」，但**只要不造成「自我羞辱」，就是可以接受的範圍！**

國家不能阻止你天馬行空

陸陸續續看了幾篇關於言論自由的介紹，其實可以觀察到一個重點，對於言論自由的保障，關鍵的內涵在於：「**每個人內心的思想自由都應該受保障，國家不能對人民內心世界的各種想法加以限制！**」也就是說不管是人民想要積極地表達意見，或是消極地不想表達，國家都應該盡量給人民自由的空間，讓人民想說就說，不想說就不說，對於表達與否，每個人都能自己決定。

同時，也因為保障每個人自由思考的空間，所以可以接納各種想法進行討論，最後達到保障言論自由的目的——讓社會變成更友善多元的社會，讓國家變成更好的國家。

我要上街主張我的意見，政府可以亂限制？

法白晚報　　PLAIN LAW NEWS

2017年8月19日晚上本來是世大運的開幕典禮，因為台灣難得舉辦大型國際賽事，許多人盼望這天的到來。

但是，就在典禮進行到一半時，反年金改革團體突然衝出，抗議政府的年金政策，霸佔了台北田徑場外，導致世界各國的參賽運動員無法順利進入開幕現場，整個典禮大受影響。許多人笑說：「太陽餅沒有太陽，世大運開幕沒有運動員。」

而反年改團體的行動，在網路上輿論沸騰，許多人都認為這樣的陳抗行為「很丟臉」，讓台灣在國際上蒙羞。甚至，有不少聲音指出，到國際運動會場抗議的行為應該要全面禁止……

問題來了！憲法第14條很明確地規定：「人民有集會及結社之自由。」每一個人都有集會遊行的權利，但是我有權利，我可以影響到別人嗎？如果政府禁止我遊行，我是不是就不能上街講我想抗議的事？我們該如何看待集會遊行的權利呢？

集會遊行是人民的基本權利，但是需要「政府同意」？

集會遊行，是一種廣義的「言論自由」，因為你上街遊行就是有自己主張的意見，而這個「意見」就是言論自由的展現，所以討論「言論自由」，也必須要好好來討論「集會遊行」。

在過去，因為集會遊行的目的是抗議國家，會讓當政者覺得很煩，所以國家制定了《集會遊行法》好好管理集會遊行：如果你要上街遊行，必須要得到政府的「許可」。

這樣的規定看似很正常，但又很危險，因為上街遊行一定會影響到別人的權利（例如沒有辦法走這條路），所以政府做一定的管制似乎很合理，但反過來說，這會不會變成政府打壓言論自由的武器呢？（例如政府禁止同性婚姻，會不會變成政府也禁止各種同性婚姻的集會遊行？）

所以多半的民主國家，想要在人民的權利以及社會秩序上找到平衡——採用「報備制」，也就是說：「我想要上街遊行，就可以！只是我要先跟政府說一下，讓他們來幫我管理秩序，不要讓我的集會遊行被破壞。」

但台灣呢？**現在集會遊行還是需要主管機關「許可」**，因此經常被批評這樣的標準會不會隨著執政者的政治立場改變，變成打壓的武器，於是這樣的制度也曾由大法官做解釋，讓「許可」做了些許修正。

經過大法官解釋後，大法官認為「許可制」是合乎憲法的，只是要做一些區別。如果是針對遊行的「非內容」之處，例如遊行的「地點、時間、或是方式」等等，可以要求他們更改（例如我要在某天某地抗議，但評估那邊影響秩序過大，可以更改遊行時間和地點）；但是如果是**針對遊行的「內容」**，例如陳抗的對象是年改、服貿等議題，**政府是**

不能介入干預，不能「不允許」你上街抗議的「議題」，這才可以保障人民言論與思想自由！

可以抗爭，但手段有界線嗎？

好，政府允許上街遊行，不會干涉我主張的議題，只會針對我的時間地點做限制，那我抗爭的「手段」呢？

我們把鏡頭拉回八一九反年改團體的陳抗事件。

事實上，在這樣的場合，歷史上也不缺乏抗爭的案例。在WTO會議外也經常發生抗議活動，二〇一六年巴西里約奧運，也有許多關於奧運迫遷貧民的抗議。二〇〇八年北京奧運，在各國傳遞聖火時也經常發生各種阻礙的抗爭，絕大部分都是針對中國境內的人權議題。

但，問題必須再次聚焦到抗爭的「手段」問題上。到底，抗爭的界線在哪？可以阻擋選手進場嗎？可以攻擊警察嗎？這些問題都直指一個核心：**至少不能破壞法治的底線——《刑法》**。

在著名的國道收費員自救會案，因為ETC導致許多國道收費員沒有工作，所以他們透過佔領高速公路的方式，當作他們抗爭的手段。後來檢察官將他們起訴，認為他們違反《刑法》185條的規定，壅塞在公眾往來的地方造成危險！

但是法官後來認為，這條使用必須要有「具體危險」，因為抗爭者在高速公路上的四個車道中，還是有讓開兩道讓其他車子通行，並沒有造成真正的危險，所以最後判定無罪。

以八一九反年改陳抗事件來說，相關的新聞報導指出反年改團體有成員出手攻擊警察，有可能涉及傷害罪；丟擲煙霧彈亦然。而最關鍵的在於阻擋外國選手進場，恐涉及《刑法》304條的「強制罪」：「以強暴、脅迫使人行無義務之事或妨害人行使權利者」。反年改的人確實影響了選手們，讓他們無法進入會場，但這條罪要成立，必須要論證反年改抗爭者的抗議手段，和他們所要達到的目的必須要有關聯。

什麼意思？因為有許多人都認為反年改和世大運沒有關係，應該不具關聯性，但想想，抗爭有的時候要媒體曝光，所以在許多社會運動，都會藉由佔領馬路來突顯自身議題的重要性，也有可能造成人或車子不能前進。但這樣目的與手段的關聯，最終都需要法官做最後的判決。

但這樣會不會怪怪的，前面說集會遊行是人民的權利，後面又說「刑法」可以來規範，這樣不也是用「國家」限定集會遊行範圍嗎？

沒錯，因為**集會遊行是一種基本權**，**只要是權就必須要有「界線」**，重點在於我們要怎麼看待這個「界線」，如果是政府可以針對你遊行所主張的內容隨意禁止，這樣的線可能不是我們想要的；但如果是針對遊行有無破壞法律最低底線「刑法」，或許是我們目前比較可以接受的線。

不可以輕易限制集會遊行的權利

八一九反年改抗爭過後，公眾群情激憤，多數論者認為丟臉至極，甚至連台北市長柯文哲也在記者會上批評這些反年改團體是「王八蛋」，再次助長反對陣營的氣焰，認為這樣的行為應該被禁止。

若今天換個議題，假設是現任領導者破壞民主程序，我們會不會也希望藉由在國際曝光的機會，來讓大家知道台灣發生什麼事？對於不贊同的議題，我們千萬不能輕易剝奪他人的權利，因為判定誰能擁有權利、誰又不能擁有權利是非常危險的，縱然是大法官都肯認我們不能輕易對言論做出限制。**在民主的社會裡，原則上應該尊重每個人說話的權利，讓他們都有機會在言論的自由市場裡廝殺**。

而且往往「抗議者」就是社會上的弱勢聲音，所以才需要藉由激烈手段，爭取到更多曝光的機會。哪怕我們厭惡、不贊同對方，也要學會尊重，因為，我們也有可能成為那樣的弱勢，不是嗎？

所以**對於集會遊行，應該要採取最大的寬容和保障**。如同美國大法官 Louis D. Brandeis 所說：

「如果在言論發表後，實際弊害發生前，仍留有時間可以用討論的方式來區辨是非，或以教育的方法來避見弊害，**則吾人應採取之補救措施乃是『更多的言論』來治療言論可能帶來的弊害……**」

對於不贊同的議題，你可以批判，但是記住唯一不能做的就是——剝奪你我《憲法》第 14 條給予的權利。如此，才是台灣這個自由民主的國度值得自豪的地方。

為什麼我不能燒國旗？這也是言論自由嗎？

法白晚報　PLAIN LAW NEWS

《憲法》規定，青天白日旗就是我們的「國旗」，政治分類屬於「中華民國」，按照我國《刑法》第160條的規定，若你「意圖侮辱中華民國，而公然損壞、除去或污辱中華民國之國徽、國旗者」，你就會被處1年以下有期徒刑、拘役或300元罰金。

一直以來，台灣都有團體主張「廢除刑法160條」，他們認為燒國旗的意義不只是破壞國旗，背後更有想表達的意義與主張，就像蔡丁貴教授之前燒國旗，目的是抗議「中華民國」殖民體制；而有些團體認為「刑法160條」就是限制了言論自由。

因此，我們可以思考的是：如果人們各種反對政府的言論能受言論自由的保障，那麼，燒國旗是否也是一種抗議國家作為或是國家本身的「言論自由」呢？

美國共產黨青年燒國旗：Texas v. Johnson 案

一九八四年，當時美國總統雷根（Ronald Reagan）尋求連任，共和黨在德州舉辦全國大會。而在場外，有一群人正在示威抗議，其中有一位叫做強森（Gregory Johnson）的人，是「革命共產青年主義旅」的一員，高喊著「美國！我們唾棄你！」並且在大庭廣眾之下燒毀國旗，藉以抗議雷根總統過去四年的政策。雷根總統是著名的保守派代表，而美國保守派一直以來最以「美國」為傲，非常熱愛揮舞國旗，所以強森燒國旗的行為，確實是對於代表保守派的雷根一種嚴重的抗議，同時也觸碰到了保守派的底線。因此強森遭檢察官起訴，德州有一條法律規定是處罰「毀損或褻瀆受人尊敬的物件」，法官判處強森有期徒刑一年，罰金兩千美元。強森不服，一路上訴到聯邦最高法院。

難道言論只能用說的嗎？

一般的言論都是以「言語」作為表達的媒介，進而讓對方了解說話者想要表達的。

但有一些想要表達的事物，是無法透過「言語」表達，只能訴諸「行為」，而用「行為」**來表達更可以讓自己的訴求被清楚理解，此時「行為本身」就是一種言論表現，這種行為被稱為「象徵性言論」！**舉例來說，生氣不一定要罵人，只要比中指，一般人就可以理解你的不爽。而在美國，法院對於「象徵性言論」定義為：「如果行為的目的在於表達，而且事實上也有表達的作為，客觀上可以被理解，就是言論。」聯邦最高法院歷年來的判決，曾認為「拒絕向國旗敬禮」、「和平靜坐」、「手臂上綁黑帶表示抗議戰爭」，是以行動對當前政府施政表達不滿，都是「言論」展現，所以法院認定強森「**燒國旗」行為表達個人抗議的想法是一種「言論」！**

做可以，但要有意義才是言論？

但也不是所有的行為都會被當作「象徵性言論」，美國曾在一九六八年的*United States v. O'Brien*案中如此表示：「象徵性言論之範圍，限於一種『傳達性行為』，必須要有**傳達性要素**，要有**表達性目的！**」意思就是你不能單純為做而做，還必須要有你想表達的意念，而如果不透過這樣的行為，是無法達到傳達的意義！

舉例來說，若我不爽某甲，而單純燒毀他的照片，這就是「非傳達性行為」，而非象徵性言論；但若因為A是某政府官員，做了某項政策，我相當不爽，而以焚燒他的照片來作為我抗議他的政策，這時「焚燒A的照片」就不只是單純的破壞A的形象，而是傳達一種政治的想法，此時就是「傳達性行為」，是一種「象徵性言論」！最終美國最高法院以5：4的比數，認為德州法律侵害了強森的言論自由！並認為，**要決定是否為被保護的言論，必須去探究該「行為」所要表達的「意念」為何**。強森燒國旗本身的意義不是燒國旗，而是透過燒國旗來表達自己的政治意見，那他的言論就應該屬於被《憲法》保護的範圍。在這裡須要討論第二個層次，如果「燒國旗」是「言論」，那政府可不可以「限制」這種「言論」？

這是言論，而且需要被保護！

美國法院引用過去 Oliver Wendell Holmes 大法官在 *Schenck v. United States* 的不同意見書中所提及的：「政府不應該處罰個人言論，除非言論表達的結果必然會產生『清晰而立即的危險』（……clear and present danger）。」而強森燒國旗的行為並沒有煽惑暴亂，也沒有引起任何危險，不會造成所謂「不法的結果」，所以強森的言論應該要被保障。聯邦最高法院在判決理由書中寫下：

言論自由之基本原則是：國家不可以因為社會公眾認為表達意見本身具「侵犯性」或「不被大家接受」而禁止該意見之表達。

法官認為，政府不應該規定國旗只能拿來尊敬，不能拿來燒毀，因為這會讓「國旗」只能有「一種」表達方式，如果一定要尊敬國旗，那誰來決定什麼東西該被大家尊敬？美國開國之父華盛頓值不值得尊敬？能不能燒毀他的畫像？為什麼人民不能選擇不尊敬他？如果把特定「模糊」的符號透過立法來強制規定人民只能有一種態度，這和美國憲法所保障的言論自由不符。因此，聯邦最高法院在判決這麼說：「本院認為政府有正當理由以鼓勵對國旗之適當尊敬，但不應該對以焚燒國旗來表達政治意見之人用刑法來處罰。」

憲法所要保護的是「人民的自由」，即便那意見不是美麗動聽，不是眾人喜歡，甚至可能是醜惡或是令人反感的，但他是民主社會中人民應該可自由表達的意見。

這就是著名的 *Texas v. Johnson* 案。宣判之後，美國有四十八個州規定保護國旗的條文，通通廢除了！強森的罪被撤銷，不用坐牢也不用繳納罰金。而在此判決後，國會又多次想要通過保護國旗的法律，不是參議院沒通過，就是仍被最高法院判決違憲，看來這樣的爭論一直沒有停過。

一定要愛國嗎？

我們也該思考「愛國」真的有這麼偉大嗎？如果國家「強迫」大家「愛國」，而限制人民的言論自由，那這是真相嗎？一個國家如果偉大，是不是也要接受有人不喜歡她？若國家限定人民對於國旗應該要有什麼樣的態度，是否就正如美國法院所述的，「我們在限制表達的方式，進而限制我們的言論自由？」更如前大法官許玉秀說的：

「你不能自由地講，你就不會自由地想」，強迫大家愛國，不就是對於人民一種自由意志的限制嗎？

國旗對不同的個體而言，其所彰顯的意義並非一致性的，這面旗子對於一些族群，可能是榮耀、可能是壓迫，也可能是一種熱血的揮灑，更可能是一種鮮血的屠殺。若國家一定要公民對這面旗子必須是同一種模樣，那麼當我們看到這面國旗時，她所象徵的會是自由的光榮？還是對個體的壓迫呢？

國家本身並不會偉大，國家是因為人民才會偉大。因為人民而偉大的國家，是不會壓迫人民如何講、如何想，而是**用包容去面對那些對國家不同的聲音與言語**，哪怕那聲音對於有些人來說可能是厭惡的。

後記

有法官在審理案子時，審到有人因為割損國旗，而被《刑法》160條判有罪。該法院的法官認為此規定違憲，《刑法》不應該禁止人民有破壞國旗之自由，這樣的規定過度限制人民的言論自由，因此目前停止審判，聲請大法官解釋，應該在未來兩年會出解釋，到時我們就知道結果了。

貳

議題再起，為你發聲！

婚姻平權

王鼎棫　楊貴智　李柏翰　劉珞亦

同性婚姻在大法官釋字第 748 號出爐後，
可說是有了一大進展，
但在釋憲之後，針對立專法、修《民法》卻爭議不斷，
反對同婚陣營更提出了
「是否同意婚姻應限定為一男一女？」的公投案。

消除社會上的偏見與歧視，
讓人人都能獲得尊重且享有幸福，
似乎還有好大一段路要走。

婚姻平權在台灣：釋字748號解釋的來龍去脈

法白晚報　PLAIN LAW NEWS

1986年，台灣首位公開出櫃者祁家威及其伴侶到法院登記結婚，法院拒絕受理，他因此向立法院請願，得到的公文回覆：「同性戀者為少數之變態，純為滿足情慾者，違背社會善良風俗。」

30幾年過去，台灣社會對同志族群彷彿越來越包容，從多元成家的辯論到後來的婚姻平權運動，逐漸佔據了街頭與新聞版面，立法、司法等場域成了兵家之地。

本文將從2017年的婚姻平權釋憲案細數同志運動與婚權倡議——以大法官釋字第748號解釋作為分水嶺，回顧過去、照看未來。

我們常在新聞上看到「大法官作出第ＸＸＸ號解釋，宣告ＸＸ法規違憲」，通常不太會引發什麼討論，但二〇一七年的婚姻平權釋憲案在朝野都掀起一場風波。這裡得先談一下，所謂大法官，就是負責解釋憲法等任務的法官——透過憲法意旨的解釋發揚，能令國家忠實依循憲法施政，因此又稱為「憲法的守護者」。在進到釋字748號解釋的具體內容前，我們得先知道大法官對憲法的解釋為何重要？如此才能了解釋憲案將對婚姻平權運動造成什麼影響。

憲法的「婚姻與家庭」圖像？

回首案例，司法院釋字第712號曾指出：憲法保障每個人的人格都能自由發展，不受國家或私人恣意干涉；而透過婚姻努力組成家庭的過程，更得以為配偶及其子女帶來幸福。俗話說，家是永遠的避風港，正是人格能休養生息的最佳依靠，更是社會運作的基石，因此大法官似乎認為，婚姻是個好東西，希望每個人都能有機會選擇與擁有。

然而，今日婚姻平權之所以困難重重，是因為司法院另一個釋字第554號曾指出：「婚姻係一夫一妻為營永久共同生活，並使雙方人格得以實現與發展之生活共同體……並延伸為家庭與社會之基礎。」

那「**一夫一妻**」**的用語，就被反對團體拿來攻擊了：婚姻制度專屬一夫一妻之異性戀者，若要開放給其他非異性戀者使用，就違反了憲法的制度性保障——這個概念形成了爭論焦點**。

不過，人民如何能召喚大法官呢？以祁家威的案件為例，他在司法院掛號的案由是這樣寫的：「為戶政事件，認最高行政法院一〇三年度判字第521號判決，所適用之《民法》第972條、第973條、第980條及第982條規定，侵害人民受憲法保障之人性尊嚴、人格權及結婚組織家庭之自由權利，有牴觸憲法第7條、第22條、第23條及憲法增修條文第10條第6項規定之疑義，聲請解釋案。」

雙方正面交鋒的言詞辯論

終於，二〇一七年三月二十四日，憲法法庭召開了同性婚姻釋憲案的言詞辯論。從發問中可觀察出大法官所關懷的重點包括：（一）現下立法院正在審議多個同婚草案，司法者是否適合介入？（二）婚姻到底是制度還是權利？這兩個問題顯示，大法官對於自己是否能介入婚姻平權的決斷、是否應取決於社會共識，沒有十足的把握。因此，大法官需要先確定「進入婚姻」是否屬於個人憲法上的權利，若是，大法官才可以毅然決然以「保障基本權」的姿態，指示立法者進行修正；反之，若婚姻與個人基本權無關，大法官就無從置喙了。

以此為出發點，大法官當時面對的問題是：同性婚姻是否受婚姻自由的保障？回首釋字第554號作成的脈絡，大法官認為「婚姻制度植基於人格自由」，因此這點似乎沒有疑義，但有學者認為同性伴侶需要的制度保障不一定非得是「婚姻」，也可能可以透過其他法律制度。

在言詞辯論時，支持同性「婚姻」的學者則認為，婚姻既然是二人之間，彼此親密陪伴理解，以及在有生之年相互照顧的永久承諾，豈能因性傾向不同而排除進入婚姻的機會？

更何況，當前許多權利的主張如配偶繼承權、收養權、探望權、監護權、人工生殖技術的利用、醫療文件的簽署、保險契約受益人之保險利益的認定、所得稅法合併申報、年金請求權，還有民刑事訴訟程序下的拒絕證言權或告訴權等不勝枚舉的制度，皆與配偶地位有關。若是另設其他制度卻缺乏正當理由，恐怕只是「隔離但平等」（仍然侵害了同性伴侶的平等權）的做法。

大法官許諾的暫時狂喜

二〇一七年五月二十四日，大法官會議作成「民法違憲」的解釋——也就是「同性二人婚姻自由案」的司法院釋字第748號解釋：**現行《民法》有關婚姻的規定，使同性戀者無法和異性伴侶一樣享有婚姻保障，違反了《憲法》第22條保障人民婚姻**

自由以及第 7 條平等權。行政機關及立法院，應自本解釋公布之日起**兩年內**，依大法官解釋的精神，修正或制定相關法律。

不過要「入《民法》保障」或「另立專法」，大法官點名這是立法形成空間，並沒進一步要求。

為免政治局勢使立法推拖，若到時發生逾期（也就是二〇一九年五月二十四日）未完成修法的情形，同性戀者即得依現行婚姻章節，向戶政機關辦理結婚登記。大法官在理由書開宗明義表示，他們知道這是一個極具爭議性的議題，可站在憲法守護者的角度，考量立（修）法時程拖了數十年都難以開花結果，即應回歸人民基本權利的保障，及時作成有拘束力的解釋。

同性戀者無法結婚，其婚姻自由是否被侵犯？過往雖多次提及婚姻是站在「一夫一妻」、「一男一女」的基礎下來思考，不過大法官們表示，那是因為過去從來都沒有機會就「同性戀者得否結婚」做出解釋，所以過往解釋都是在「異性婚姻」的脈絡下所做，不應混為一談。

婚姻自由的實踐，涉及親密生活的建立，攸關人格健全發展與人性尊嚴維護，這方面的精神或生理需求，同性與異性戀沒有什麼不同，所以當然應同樣享受憲法婚姻自由的保障。因此，現行《民法》相關規定既然有所空缺，就是違反婚姻自由保障的立法重大瑕疵。

「同婚具體設計」是另一個戰場

大法官解釋既然作成，對國家各機關會產生一種「準則性」的拘束力：大法官解釋會像背後靈一樣，緊盯著立法者的作為與不作為。但為何最終要作成不修法，就定期適用《民法》的決定呢？這是對違憲的法令未立即宣告失效，而給予立法者緩衝時期，擬定相應措施，使該法令調整的制度。這是大法官出於避免法規真空狀態（如保留現行《民法》，以免馬上沒了，大家都不要結婚？），而促使主管機關盡速立法的小撇步。

關於後續救濟，參考司法院釋字第725號：當人民聲請解釋憲法，且獲得勝訴解釋，宣告法令定期調整，聲請人可以依據勝訴解釋或修正後的法規，聲請再審或其他救濟（因為釋憲無法針對個案給予救濟，當事人仍須回到一般情況處理）；而在這情況下，法院就不可以單純以該法令，還沒逾期調整為由駁回；且若勝訴解釋有具體說明的救濟方法，則依其說明；如未說明，則等到新法生效後，再依新法裁判。

所以大法官已說明「若機關逾期修法，即得依現行規定辦理結婚」，祁家威先生現階段就只能等待立法院的動作了。如果二〇一九年五月二十四日到期，立法尚未完成（不論修改民法或制訂專法），就會暫時用《民法》——換句話說，在那之前，若立法機關有了任何決定，就會塵埃落定了。因此這也提醒我們，「同性婚姻的具體設計如何」，已然成為新的戰場。

婚姻平權在國外：南非、歐美與中國案例介紹

法白晚報　PLAIN LAW NEWS

上一篇我們談到了2017年我國大法官作成的釋字第748號解釋。

事實上，婚姻平權運動早已席捲世界各地，其中有許多是透過司法案件亦步亦趨完成每一哩路的。

本篇將透過南非、歐美與中國幾個著名的案例，作為台灣婚姻平權運動論述的借鏡與參考。

南非憲法法院：跟他人不一樣的權利

很多人可能不知道，南非憲法法院是世界上第一個宣布「法律不平等保護同性婚姻是違憲的」憲法法院。南非因經歷長年種族隔離的悲劇，後來致力推動轉型正義的實現，最終造就南非憲法的不凡。歷史因素讓南非決定建立一個「能動」的憲法法院，能夠積極為人民捍衛基本權利，形塑由上而下、一以貫之的憲政精神。

在二〇〇五年南非的 *Minister of Home Affairs v. Fourie* 案中，大法官們就回答了「婚姻法因性傾向而給予差別待遇是否違反平等原則」。① 南非憲法法院認為，平等不意味消除差異，因此法院提出了「跟他人不一樣的權利」的概念。但不能結婚又怎樣？法院認為這問題對人們生活影響可大了！法律不給予同性伴侶如異性伴侶般的保護，等於國家宣告同性之愛劣於異性戀者。或許相愛未必要結婚，但重點在「有沒有選擇機會」。換句話說，**同性戀者有沒有權利選擇自己想要成為什麼樣的人**。

那同性婚姻與宗教的衝突如何解決？憲法法院當然肯定宗教的重要性，認為宗教信仰使人民感受到自我價值的提升，也因此讓人們產生理解事物對錯判斷標準，而這深刻影響了人們對美好良善生活的憧憬。但須注意的是，**將宗教納入考量，不等於得用宗教的教義來解釋憲法。如果有人認為法律允許同性婚姻會違背他所信仰的「宗教教義」，無異於迫使他人接受特定信仰。**

歐洲人權法院：同性伴侶共同生活的家庭權

鏡頭轉到婚權運動濫觴的歐洲大陸。歐洲人權公約雖沒有要求締約國合法化同性婚姻，但歐洲人權法院認為：同性伴侶組成的家庭須受到「家庭權」的保障。在二〇一〇年的 *Schalk and Kopf v. Austria* 案，歐洲人權法院則首次正面迎戰同性伴侶的主張。

在這個案件中，法院首先從公約使用的文字（一男一女）以及一九五〇年代締約的時空環境出發，認為締約國的確沒有「承認同性婚姻」的義務，法院也無法強迫締約國從事非公約義務的事情。但政府有義務保障「家庭權」，只要人民組成家庭，國家就應給予保護。原因在於國內雖有各種社會福利和救助制度，但真正能直接照顧每個人生活的還是家人。②

歐洲人權法院認為，**每個人有權透過自由意志選擇要不要結婚、和誰結婚，而透過婚姻組成的家庭也該受到法律保障**。因此，雖然公約沒有直接要求締約國承認同性婚姻，但卻有要求締約國保障同性伴侶的家庭權，而國家可以用其他方式（例如公民結合）來達到相同的保護水準。

美國麻州和聯邦最高法院：婚姻平權集大成

我們再進到美國，當然要先談二〇〇三年美國同婚合法化的里程碑判決——麻薩諸塞州最高法院 *Goodridge v. Department of Public Health* 案。法院在本案中面臨的問題為：禁止同性戀者成立婚姻關係是否欠缺正當理由，而違反了麻薩諸塞州憲法。

這裡需要先看看麻州最高法院所定義的婚姻：婚姻是由兩個人彼此承諾將永遠相愛及支持陪伴走完終身而成立之組織，為社會穩定帶來重大貢獻。但相愛的兩個人要結婚真的需要法律保障嗎？法院認為，婚姻關係是否受到法律承認會有不同效果，而法律制度通常傾向鼓勵並維繫婚姻關係，賦予配偶們許多權利和義務。

因此，麻州最高法院明白告訴州政府：**如果政府想拒絕承認人民選擇和自己相同性別的人結婚，必須有正當理由，否則只好宣告違憲**。所謂正當理由，州政府必須證明「拒絕承認同性婚姻」是能夠達成「具有正當性的政策目標」的手段，而且「拒絕承認同性婚姻」此手段必須對達成結果具有合理關聯而不是隨便選的。

州政府雖然提出同性戀無法生育等理由，但法院認為這些理由並不成立，因為異性戀夫妻也未必能生育、想生育，這顯然只是出於偏見的想像，引用了美國聯邦最高法院那句名言：「**雖然法律難以改變人們的偏見，但是法律不可以為偏見服務，更不可以使人們的偏見因法律直接或間接地產生力量。**」宣告麻州婚姻法違憲，翌年麻州率先全美宣告同性婚姻合法。聯邦最高法院亦在同年的 *Lawrence v. Texas* 案中，推翻了十七年前「同性性行為違法」之判決。到了二〇一五年的 *Obergefell v. Hodges* 判決作成，已有三十七個州加上華盛頓特區承認同性婚姻。

中國人民法院：雷聲大雨點小的第一案

反觀南非、歐美等法院，聚社會動能順勢而為的同婚辯證，在中國，同志運動與其他社會運動一樣，多半只能採取「非對抗式」的策略。雖是高壓政治、社會時勢所致，也讓國家經常能迴避「給人民一個交代」的訴求。比如二〇一六年時，湖南長沙市中級人民法院針對所謂「中國同性婚姻登記第一案」，僅五頁的行政判決書，三言兩語就把當事人打發掉。

當事人最主要的主張是「（因為）婚姻法沒有明確禁止同性婚姻」，（所以）中國婚姻法第2條中的「男女平等」應該解釋成：男女可以平等地和男方結婚，也可以平等地和女方結婚。此外，他們也訴求中華人民共和國憲法中關於平等和人權的規定，主張婚姻登記排除相同性別的申請人，不僅構成歧視，也違反了婚姻法中保障「婚姻自由」的立法意旨。

民政局的理由想當然爾：依法行政——雖然法律沒有明文禁止同性婚姻，但不代表民政局有為同性戀者辦理登記的義務；換句話說，兩人結婚的自由並沒有被侵害，只是國家不承認這樣的法律關係而已。二審法院維持了原判，但法院並沒有真正考慮中國婚姻法是否有違憲的可能，事實上，法官甚至沒有說明婚姻法排除同性申請到底算不算歧視。

同婚，難道各國同運都非得走這一遭？

乍看之下全世界都在爭取同性婚姻，但不同社會有不同的社會脈絡與政治情勢，因而發展出不同需求、論述與對話——從南非轉型正義的歷史經驗到歐洲區域人權公約的特殊安排，從美國習以為常的民權抗爭到中國不得不為的「非對抗式」社運模式。

每個社會中的婚權運動都有其特殊性，但彼此相似之處在於，**這些行動無不挑戰著既有且排他的法律系統，潛移默化地改寫婚與家的內涵**，也一點一滴在重新勾勒能夠進入婚家的權利主體及其樣貌。當然，我們不該把婚姻平權視為同志運動的終點，但如何將他山之石改寫成適合在地的規範內涵，則是台灣社會應該認真思考的事了。

---

① 本案的討論範圍限於如同一男一女般的婚姻關係——符合既有婚姻法規定而由兩男或兩女所組成的家庭，不包含重婚、亂倫婚等情形。

② 有興趣的人也可以看看 *Parry v. United Kingdom* 案，歐洲人權法院說，國家雖有權利決定「僅有符合特定條件的婚姻」所組成的家庭才能獲得保障，但不可以因此剝奪人民組成家庭的權利。事實上法院在 *Schalk and Kopf v. Austria* 案中認為，在社會思想越來越進步的情況下，討論同性伴侶組成的家庭算不算是「家庭」，根本只是假議題。

從同性戀去病化到婚姻平權在台灣

法白晚報　PLAIN LAW NEWS

既然大法官在釋字第748號中要求立法院啟動修法，我們就應該來看看，從同志運動到今天的婚姻平權，一路走來的歷程。

現今台灣社會似乎不再那麼拒斥同志群體的現身與權益倡議，但其實在1986年，台灣首位公開出櫃者祁家威向立法院遞交請願書，得到的公文回覆竟提及：同性戀者為「少數之變態」，純為滿足情慾者，違背社會善良風俗。

因此，本篇將以幾個標誌性的歷史事件，回顧婚姻平權逐步走到今天的社會脈絡。

對比早年民眾聞同色變，今天越來越多同志能在街上展現自己，每年同志大遊行更是百花齊放；但儘管平權之路看似光明，以護家盟為首的宗教保守勢力反撲的力道也更強大。二〇一六年同志大遊行的主題「假友善」是道警語，如同祁家威的發言：「我允許你在這一天出來遊走，但仍不樂見你在我生活中。」縱使二〇一七年五月二十四日同志朋友獲得了大法官釋字第７４８號解釋，但在二〇一八年四月十七日，中選會也通過了一系列不利同志權利的公投提案。走三步退兩步的平權之路，讓同志的心情總像洗三溫暖。有了這層認識，讓我們先從最初的同運起點看起：同性性傾向去病理化。今天，世界各地風起雲湧的伴侶平等保障，每一場戰役都是用許多人的苦難換來的，同志運動者經常感到困惑：何時所有因性／別相關特質承擔汙名，導致權益受損的人們，能夠不再為了做自己或為愛慾所苦？

「與眾不同」不是病，消弭恐同從去病化開始

所謂「去病化」，就是指醫學專業不再將某種「不常見」的人類行為視為「偏差」、變態，甚至是「需要診斷且治療」的疾病。而與同性戀者最相關的，當然就是一九九

〇年世界衛生組織正式將同性性傾向自《國際疾病與相關健康問題分類標準》（英文簡稱ＩＣＤ）中移除，而這也是每年五月十七日「國際不再恐同、恐跨與恐雙日」的起源，以紀念這同性慾望去病化的重要里程碑。

除了不再將同性性傾向視為變異、疾患之外，世衛組織也認為，由於沒有科學證據足以證明人類性傾向可以被改變，甚至無法合理說明需要改變的理由，因此任何醫療介入都被認為牴觸了醫學倫理中的不傷害原則。台灣精神醫學會也發出聲明，表示「精神科醫師應有社會責任，經由倡議來改善社會中的不平等，其中包括性別認同和性傾向相關的不平等」。換言之，**因為同性戀不是病，因此就算同性戀者自願接受醫療行為改變性傾向，醫師也會因此違反醫學倫理**。至於其他方式如宗教行為，則不在本篇的討論範圍了。

當年「國際不再恐同日」的發想，就是希望能夠終止不理性的恐懼與偏見，而二〇〇五年設立的「國際不再恐同日委員會」也希望能延續這份努力，在不同國家進行活動，遊說各國政府承認性別多元群體的存在；直到二〇〇九年，跨性別恐懼被納入，二〇一五年雙性戀恐懼也獲納入。① 最近「關於性傾向與性別認同暴力及歧視問題」的第一任獨立專家，在提給聯合國人權理事會的年度報告中，也再度強調了去病化的重要性。舉例來說，原本衛生福利部預計在二〇一七年三月禁止「性傾向矯正治療」，沒想到在法定六十天的意見陳述期內，竟有近百件反同人士及團體的抗議書信，認為這剝奪了同性戀者「自願改變」性傾向的權利，於是草案被迫延後。最後在二〇一八年二月二十二日，衛福部才終於發布函釋：未來醫療機構或任何人，若對他人進行「性傾向扭轉治療」，得依刑法或《兒童及少年福利與權益保障法》究責，最高面臨三年以下有期徒刑。

但抗議者的說法有道理嗎？倘若未來科學證據發現「性傾向扭轉」是有效的，是否就能像整形美容業一樣被允許？這裡須認識到，醫療與其他專業權威對性／別少數群體的壓迫，經常是加重社會歧視最深層的幫凶之一，因此，**任何治療或干預行為應具有科學正當性且符合專業倫理，否則非常有可能侵害到性／別少數群體的基本人權和「好好活著」的尊嚴與自由。**

進一步說，就算出於「消費者自願」，醫療人員仍應遵守醫學倫理的五大原則——包括病人自主選擇醫療方式、行善與提升病人福祉、隱私保密、不傷害且「兩權相害取其輕」、病人權益與社會正義原則——因此就算今天科學證明了性傾向是可改變的，醫療人員也要確實提醒求助者同性性傾向並非疾病，並了解其想要改變的原因，給予適當且符合人權的專業建議，告知醫療行為的副作用及可能帶來的影響，且科學進展須平等地益於所有人，包括欲改變性傾向的異性戀者。

偏見與歧視，會殺人

雖然不同性／別少數所面臨的歧視與挑戰都不盡相同，但主要都源於父權思維、性別二元與家長主義所共構的意識形態。希望台灣社會在一連串矯正禁止、同性婚姻與性別教育的激烈對立後，可以真的好好了解性／別少數長期受到迫害的歷史，看看同志們爭取平權的運動軌跡。更重要的是學會彼此尊重並接受，而不只是包容，因為包容的話語背後往往隱藏著優劣、高低、是非等階序。**相異的性傾向、性別認同、性徵，從來都不會使人不健康，但偏見與歧視，卻能殺人。**

看到這裡我們或許會問：既然都得到了大法官解釋，確認《民法》構成歧視而違憲了，為什麼還可以將爭議交付公投呢？② 這裡先姑且不論公投命題是否構成歧視，但根據澳洲和愛爾蘭的經驗，有許多同志表示，整個拉票過程讓他們很痛苦，必須不斷私下或公開地出櫃，談論自身生命經驗，並讓親友和社會大眾檢視自己的委屈——也就是**社會運動中常提到的「運動傷害」之一**，自揭傷疤以換取他人認同。

---

① 二〇一八年六月十八日，世界衛生組織發佈了《國際疾病分類》的第十一版（ICD-11），將「性別認同障礙」（gender dysphoria）送入歷史，改成「性別不一致狀態」（gender incongruence），劃分在「與性別健康有關的狀態」下，而非「精神、行為及神經發展失調」一類，也算是將身心性別不相符的跨性別狀態去病化，值得紀念。

② 這裡特別指反同團體發動的三個「愛家公投」提案：同性婚姻應另立專法、《民法》婚姻章不應保障同志、禁止實施同志平權教育。這些命題是否構成歧視，會在接下來的其他文章進一步討論。

法白晚報　PLAIN LAW NEWS

冰凍三尺非一日之寒，婚姻平權法案能引起廣泛迴響，正是因為社會上有越來越多民眾的觀念已經改變，不僅不再視同性戀為變態，更能開始設身處地為同志著想。

中研院助研究員李瑞中教授，受伴侶盟委託進行的研究報告發現：2002年至2012年間，有將近四分之一的台灣人轉變觀念，2002年贊成同性戀合法結婚的民眾僅有25%，而2012年贊成同志婚姻者則達到53%，反對者也從55%下降至37%。

中研院社會所主持的2013年「台灣社會基本變遷調查計畫」則顯示，「不同意」加上「非常不同意」的比例只佔30.1%，「同意」加上「非常同意」則有52.5%。

由前面的數據可以發現，贊成婚姻平權早已是台灣的趨勢，但由於反對同婚者獲得了許多發聲資源與機會，使得不論是誰執政，似乎都需要尋求折衷之道。此外，只要曾關注過同婚議題就會發現，在修／立法的倡議過程中，「專法」一直是如影隨形的爭議。大法官會議的748號釋字後，因為政府的被動，使「專法」成為國會與社會中不得不處理的議題，這裡將從人權、憲法和國際經驗出發，討論專法這個選項。

假友善專法：戳破「特別法」的虛偽話術

同婚專法雖能滿足部分同志族群的法律權益，但絕非婚姻平權的選項。同婚專法以表面上平等的方式隔離同志族群，抱持著「我把你當人看」的心態，施捨法律權益及尊嚴保障給同志，實則不將同志族群與異性戀族群一視同仁，而這意味著：**你沒有資格跟我適用相同的法律**。同婚專法，將是對同志族群更深刻的打壓，但倡議專法者卻經常以「特別法與普通法」來包裝同婚專法與《民法》之間的關係，進而營造同婚專法不算歧視的假象。

普通法跟特別法的關係是針對相同的事物給予不同的規範，但是反對同婚的人打從心底覺得同婚跟異性婚本質不同，所以才會遊說政府以專法取代修法。也就是說，反對者想像中的「同婚專法」，根本是為了規範與《民法》親屬編不同的事務而設，因此不符合普通法跟特別法的關係。再者，如果同婚法是特別法，那麼「特別法未規定者，適用普通法」，這表示在專法沒有規定的範疇裡，同性婚姻還是要適用《民法》親屬編的規定，然而這絕不會是鼓吹專法的人想要見到的情況，顯見此專法與《民法》必然不會是特別法與普通法之關係。

那同婚專法有可能是為了給予同性伴侶優惠性差別待遇嗎？竟然要討論到這件事，真的別鬧了——事實上，倡議同婚專法的人，從未解釋專法到底要給予同性戀者什麼特殊保障，因此根本不是為了弭平實質不平等而建立的法律制度；反之，**支持同婚民法化、一般化的人們，也從未要求同性伴侶的權益保障應該「優於」異性婚姻**。由此可見同婚沒有「另立專法」、「賦予特殊保障」的正當性與必要性，此外，若把制度性保障定為「專法」，也是誤解了專法的法律意義。

為什麼這麼說呢？討論到這個爭議點，其實更暴露了鼓吹同婚專法的目的是隔離，跟《原住民族基本法》、《身心障礙者權益保護法》的目的不一樣。因為歷史及社會結構因素，原住民大多處於弱勢的社會地位，因此有了《原住民族基本法》來保障他們的權益；因為身體能力與大部分的人不一樣，所以有了《身心障礙者權益保護法》來保障他們的權益。這些根本不是「專法」，而目的是為了賦予弱勢族群更多權益，弭平實質的不平等，透過法律制度給予特殊保障以達成實質平等。

德國經驗：同婚專法浪費更多社會資源

事實上，同婚專法也會帶來更多問題。因為同婚專法承認的「婚姻」，並非《民法》親屬編的婚姻，因此**所有法律中跟配偶有關的權利義務，將必須逐條檢討是否適用在同婚專法所承認的「同婚」身上**。

在德國訂立同婚專法（獨立於《民法》的同性伴侶法）的時候，因為立法者對於什麼時候要讓同性戀享有跟異性戀一樣的權利、什麼時候不用，沒有一定標準，使得條文結構非常複雜，還產生許多矛盾以及法律漏洞。法律有漏洞不能不修補，導致德國在二〇〇一年三讀立法後，於二〇〇四年、二〇〇七年、二〇〇八年及二〇一五年頻繁地修法，耗費了更多社會資源。

除此之外，因為同志一遇到法律差別待遇：「同婚專法的婚姻」和「民法的婚姻」，就會到法院據理力爭，掛萬漏一式的同婚專法，為德國司法系統帶來許多困擾。德國從專法實施以來，相繼在二〇〇九年處理了關於同性伴侶與婚姻在工作撫卹金權利之不平等、二〇一〇年關於同性伴侶與婚姻關係在繼承及稅法上之不平等、二〇一二年關於同性伴侶與婚姻關係在公務人員薪資法上眷補費之不平等、二〇一三年關於接續收養判決、二〇一三年關於稅法上同性伴侶與婚姻關係稅制之不平等案件。

因此，德國聯邦憲法法官曾誠心建議過我國，不要迂迴繞道訂立同性伴侶法——德國同性伴侶法是特定時空脈絡下所妥協的保守產物，但**後來實踐的結果，證實與民事婚姻並無太大差別**。如果要走德國老路，那就必須再次逐步且緩慢地在各個關聯領域做法制調整。**倘若社會已經成熟到一個階段，民眾對此議題已有共識，不論在政策**

上或是技術上，「一步到位」都是比較好的選擇。

大法官覺得專法可行嗎？

在748號大法官釋憲後，贊同同性婚姻已成為一個定局，但大法官在該號釋憲中最後提及：要用什麼樣的方式來保障同志權益，立法院自己決定，可以修《民法》，也可以另訂專章，更可以訂定專法，一切都是「立法形成自由」。然而，專法真的會合憲嗎？上面我們已經討論過，專法存在的意義，必須要有特別的權利保護，但大法官在同號解釋已表示，**異性與同性婚姻本質「一樣」，表示同性婚姻不需要法律特別保護。**

同樣的道理當然也適用於所謂的「專章」，在現行《民法》婚姻專章中，同性婚姻和異性婚姻並沒有不同，當然應該直接修改《民法》。總之，現在的戰場就在立法院，若希望立法權依司法院所稱的《憲法》第7條平等權意旨修法，就必須阻止「專法、婚姻專章」的出現，因為這不僅在立法上是毫無意義的，更可能增加未來台灣的社會成本，因此我們必須加倍監督國會，讓婚姻平權被真正落實。

政府不開工，幸福盟的公投列車卻已放行啟動

法白晚報　PLAIN LAW NEWS

如果說，立專法在法理上並不可行，那我們到底該如何面對2018年反對同性婚姻進入《民法》的「愛家公投」，以及其號稱挾帶的龐大民意支持呢？

釋憲之後、落日條款到期前，下一代幸福聯盟以「你是否同意婚姻應限定為一男一女？」為提問，啟動公投列車，意圖將婚姻定義限縮在一男一女，認定同志若要取得親密關係的保障，可透過「同性伴侶法」取而代之。

然而，此舉將可能造成「隔離卻平等」的假象，把同志權益拋棄在等待婚姻的月台之上。

事實上，早在憲法法庭前，幸福盟及其他反對同婚者就經常主打「婚姻家庭，全民決定」的口號，但這真的符合民主憲政的要求嗎？讓我們先直接講結論：**公投及其衍生的法律，與一般機關運作或人民活動相同，都必須是在憲法秩序底下運作的行為。**公投不可牴觸憲法，也不可違反代言憲法的大法官解釋。幸福盟如此限縮婚姻概念的公投提案，可能有違《憲法》第７條的平等原則，還有讓同性婚姻合法化的司法院釋字第７４８號。

婚姻家庭，全民決定？

在利用全民公投處理同性婚姻這一問題上，除了二〇一五年中愛爾蘭透過公投使同性婚姻合法，還有在它的兩年前，克羅埃西亞也透過全民公投的手段修憲，徹底地禁絕了同性婚姻合法化的機會。而二〇一七年時，澳洲舉辦同性結婚合法化的「諮詢性公投」，最後結果有近百分之六十一的民眾投下了同意票，只是這些與台灣具有法律效果的「立法原則創制」的公投還是不太一樣。若婚姻自由真為基本權，同性婚姻（基本權議題）怎麼能用投票的方式表決呢？

在愛爾蘭決定以全民公投處理同性婚姻合法化問題時，同志情侶挨家挨戶徵求自己鄰居或其他無數陌生人的同意，這種荒誕的感覺所反映的正是全民公投的自相矛盾。從社會學和人類學的角度觀察，我們會發現伴侶和親屬關係的認定，是會隨著社會變遷而改變的，而「婚姻制度」恰巧是人類社會發展中某個特定時期的文化產物。只要婚姻繼續保有它的功能，而人們還需要它的存在，那麼為了維繫這項制度就必須透過複雜的權力機制——包括法律、教育、媒體等——來鞏固其正當性。因此，婚姻制度的形式與內涵當然不可能一成不變，而「訴諸公投」決定婚姻在法律上的要件，也正好是「**婚姻只是一種人造社會秩序**」的明證。因此，婚姻自由作為一項權利，也是因應社會發展、變遷而來的，這點要先認識清楚。

只要一個社會的發展並非固著、停滯，那麼就幾乎不可能讓所有人對所有事情都持完全相同的意見，因此需要憲法確認所有人的自由和權利，以維繫社會的基本秩序。由此出發，在追求民主憲政的國家中，**全民公投中有一個最明顯的弊端，即少數人的權利和聲音被忽略；因此一個真正民主和多元的社會會反思「少數服從多數」所帶來的危險**，以確保少數群體的利益不會因為和多數人不同而被否決。

公投無法自外於憲法秩序

憲法是為了保障「所有人」而存在的法律，為了維持社會功能與公平，不管你分屬主流文化或次文化、多數人或少數群體。這也是為什麼大部分國家的憲法總會有一章「基本權」，表列一個公民在特定國家中所享有的權利（如我國《憲法》第2章）。當某項權利被確認為憲法保障的基本權，那麼「投票表決」該權利之存否或實踐方式就會有其危險，而憲法也需要隨侍在側地檢視其過程及結果。

理論上，透過公民投票創制或複決法律，目的是為了制衡「代議政治背叛人民初衷」的行為，進而讓憲法秩序下所運作的權力或法律擁有高度民主正當性。既然公投及其衍生法律都必須在憲法秩序下發展，基於基本人權保障及權力分立等憲法要求，**公投及其衍生法律無法自外於憲法的運作底線**。如果有一天走到釋憲，為了維護人民權利等憲法基本價值，針對可能違憲的公投及其衍生法律，即時作成有拘束力的判斷，也是憲法賦予司法者的任務。

一旦實際審查「公投創制或修改的法律」，大法官不免面臨一些挑戰：公民投票背後的民主正當性，僅僅十五位大法官如何戮力推翻數以百萬支持者的心聲？要如何回應才不會陷入「少數推翻多數」的困境？仔細想想，公投的民主音量雖優於政府，但公投提出的政策品質可能是非常粗略的；這裡並非反對一切形式的公投，而是回歸公投議題的投票形式——僅有「是」與「非」——該如何透過此等票決，產出有品質且內涵多元的立法結果？因此，透過司法違憲審查的協調折衝，就有一定必要。

公投提案大方坦承了「隔離但平等」

前面已經討論過，專法於法於理都顯然站不住腳，但愛家公投的提案中卻仍然希望透過「多數決」的方法處理：「婚姻應否限定為一男一女？」的問題，**為同性伴侶打造另一種「類似婚姻（但不是婚姻）」的制度，表面看似平等（各自享有），實際卻造成同性伴侶與異性婚姻間的永久隔離**。這樣的公投提案雖再三保證會讓同性戀者享有「高度類似婚姻」的伴侶制度，卻也強化了「同性伴侶不是（也不該是）婚姻」的想像，形同把婚姻當成異性戀特權。這樣閉鎖的想像，無疑是用特定的意識形態箝制他人的生活形塑，顯然無視大法官釋字所確認的婚姻自由平等保護。

回歸司法院釋字第７４８號的開放說法：重點應置於「婚姻的功能」，也就是純粹為了能夠執子之手，共同經營生活，所以才想與對方打造具有「親密性及排他性」的結合關係。**人類自古以來的基本需求，本就包含這樣圓滿關係的建立，所以人人不分性傾向都應享有進入「婚姻」的機會，這樣才能真正達成大法官所說「婚姻自由之平等保護」**。簡單來說，若真從大法官對婚姻自由與平等權的釋義來看，假如公投造成憲法中那些平等保障或權力制衡被恣意破毀，那麼這樣的公投也將失其正當性，更有害台灣社會的民主秩序。

通往幸福的婚姻列車，人人皆有權上車

值得注意的是，一直拿來當「反對同性婚姻入法」神主牌的德國同性伴侶法，遲至二〇一七年也跟隨國際人權潮流走入歷史。經過漫長歲月，許多德國同志終於如願走入婚姻。在台灣，同性戀者長期受困於傳統暗櫃之中，無論在社會或媒體上都缺乏

能見度，他們也因人口結構因素，長久皆處政治弱勢，難以在選舉中受到主流政治人物的青睞，並經由一般民主程序快速且有效地扭轉劣勢地位。

好不容易等到司法院釋字第748號的釋憲結果——就歷史經驗與立法技術而言，若能一步到位，**從婚姻的根本定義下手，就能避免在各個法制上不斷微調的巨大政治與社會成本**，讓擁有同性伴侶的人們也能一同登上婚姻制度的列車，前往自我期盼的幸福人生。只是萬萬沒想到，後來他們卻必須面對公投可能帶來「隔離但平等」的間接歧視；若結果再度遮掩了同志族群的權利，那最後仍需大法官出馬了。

婚姻家庭定義誰說了算？被挑戰的異性戀霸權

法白晚報　PLAIN LAW NEWS

婚姻平權運動近幾年再掀高峰，支持與反對者都積極動員，爭搶法律上婚姻定義的話語權和社會支持。

前幾篇已經討論了婚姻平權運動在台灣的發展與進程，也帶到了同志群體的需求與內部的矛盾，最後，讓我們回頭省思婚姻與家庭這件事是不是本身就壓縮到了許多人的生存空間，也同質化了原本應該多元的人際與親密關係。

台灣社會紛紛擾擾，是什麼讓一票反對者不顧一切聚焦同性婚姻呢？說到底，其實是「異性戀」主宰台灣社會的權力，或稱「異性戀霸權」。婚姻建立家庭、家庭組成社會，婚姻、家庭、社會是三位一體的，而主導這三位一體的不是基督文明、不是漢人倫常，而是兩者共享的——異性戀主流文化。因此，非異性戀者（或異性戀中的非主流者）都該摒除在外。乍聽之下似乎有理，然而人們對婚姻的想像是如何制約了今天雙方的對話呢？我們就來談談法律中的異性戀霸權。

婚姻本質主義的謬誤

反對同婚的人們的確提供了一個有趣也值得商榷的主張：婚姻有其本質——即「以自然的方式」生養後代——建立在婚姻之上的家庭，以及建立在家庭之上的社會，都是以延續這個本質為目的。反過來說，同性伴侶所形成的婚姻、家庭、社會關係都與該本質相悖。對如此主張的人而言，雖從平等權角度來說，同性伴侶關係或有保障之必要，但因與「本質」不合而偏離婚姻的規範，因此應另開特殊制度。

但這個說法的問題在於：我們如何能斷定婚姻有本質呢？所謂「本質」，在哲學意義上，是指某事物自身必然固有的特質或屬性，一旦失去了，該事物就不復存在了，或不再「是」（或屬於）自己了，也就是說，本質「定義」了事物。若婚姻是一項關乎社會之存在、延續與秩序的公共制度，各種社會制度都有其目的和變遷，甚至消亡的可能；而事物的本質意味著不變、穩定、恆常，因此**若婚姻這個概念指涉的是一項制度，便不可能有所謂本質**。

就算婚姻有本質，又為何是「自然生育的可能性」呢？即便是一項自古以來與某事物存在「相關」的現象，也並不必然構成該事物的本質。比如，華人大多有祭祖習慣，不代表祭祖文化是華人的本質；薯條熱量高，不代表熱量是薯條的本質；小華維持了十幾年低體脂的身材，不代表爆肥後，小華就不再是小華了。

或許我們能想到很多未生育或人工受孕的婚姻實例，而同婚反對者亦肯認「沒有生育的異性婚姻」並不等於否定「婚姻作為保障生育兒女之制度的根本價值」，因為異性結合有自然生育的潛力，只是不一定能使其發生。就其主張，真正具有本質的是

「相異的生理性別」之於生育，而非婚姻；更精確來說，生育的本質是受精卵，甚至不一定與人的性別有關。①

文化相對論的自我矛盾

論戰中，許多人拿歐美中的正、反實證來討論同性婚姻的好與壞，雖有其參考價值，但許多人也問：「難道一定要向歐美看齊嗎？」、「歐洲人權法院（或美國聯邦最高法院）的判決關我們什麼事？」然而令人困惑的是，主張同性婚姻將對社會造成負面影響的，也大多援引外國的說帖和論述。試想，若相對論為真，那麼發生在世界各地的負面影響（若有的話），將不一定會發生在台灣，所以才更值得一試不是嗎？比如，發展時間較短、影響較淺的基督文明可能對台灣社會的同志群體所造成的反挫力道較小，如果不考慮其經濟與政治實力的話。

另一方面，文化相對論者經常產生另一種矛盾。在人權理論中，「享有人權」與「實現人權」應分別來看——人權雖然普世，但主張和實踐方式可能各地不同，難以一體適用，因此各國政府應以不否認每個人都擁有基本人權的大原則為前提，在實施措施上，才參酌本土社會狀況各自裁量和調整。

從這個角度來看，文化相對論不應被濫用，因為每個文化社群中都會擁有不同成員的異質性，就像前面提到的「華人≠儒教≠祭祖」，否則也將陷入「文化本質主義」，而使得為了確保多元並存的相對論自相矛盾。

婚姻法制化為保障家庭權

所以，到底婚姻是什麼？有本質嗎？有普世的定義嗎？文化是什麼？有本質嗎？有普世的定義嗎？假如答案都為否定，那我們如何主張無法定義之台灣人的「文化」無法包容無法定義的同性「婚姻」呢？其實，**這場大亂鬥中，人們經常混淆了婚姻的法律與社會意義，忽略了兩者間的差別**。

結婚是組成家庭的方式，我國法律賦予婚姻制度性的保障，目的在保障並實現人民的家庭權；也就是說，家庭的保全，才是法律需要介入且積極實現的共善，避免來自國家或其他人的阻撓。

因此，我們才會看到許多法律賦予配偶特殊的地位與權利。例如，配偶受到犯罪侵害，另一方可以獨立提出刑事告訴、配偶被警察跟檢察官抓走時，可以拒絕作出不利另一半的證言、配偶如果過世，另一半有繼承權。

二〇一一年曾有同性伴侶向台北高等行政法院提起行政訴訟，法院決定將此案聲請大法官會議釋憲，但原告卻遭到網友死亡威脅，在安全考量下撤銷告訴。長期爭取婚姻平權的祁家威，於二〇一五年八月二十日向司法院請求聲請釋憲，而台北市政府民政局也在同年十一月四日針對異性婚姻的法令限制提出釋憲。縱然婚姻法制化是出於歷史與文化因素，成了保全家庭最簡易的手段，但不可否認的，**若法律助長了婚姻（進而家庭）的本質主義，而排斥其他人其他形式的家庭，該項法律制度就有一直被檢討的必要，以確保每個人的家庭權優先於任何法律制度。**

同性婚姻：轉型正義的觀點

最後要談談許多人在意的「父母子女關係」，這或許確是漢人社會中核心的倫常秩序，但事實上，倫常也非穩定不變且普世適用的，比如手足關係早已今非昔比、非漢人社會中的父母子女關係與漢人對「親情」的想像也不一定相同；更別說漢人之間，不同家庭之中亦有多元的互動模式，無法一概而論。②

然而，就是在特定形式的婚姻（如漢本位倫常觀念與異性婚家圖像）法律制度化後，次文化或事實上的婚姻或伴侶關係才被法律否定，從而影響社會觀念，也才迫使非法定的伴侶須尋求「被制度化」的保障。換句話說，**同性伴侶（或同居關係，或「事實上婚姻關係」）並非自始受到歧視的，而是自異性婚姻法制化後（至少從民國十八年《民法》制定以來），法律才造成關於「伴侶關係」的制度性歧視**。

因此，針對政府當年正當化漢本位異性戀霸權的轉型正義觀點來看，同性婚姻法制化不只是分配正義的問題，而是回應歷史上一項不正義，是這場論戰應注意而未注意的事情。

婚姻平權非終點

走了那麼多年，從去病化到公民權平等是一條迢迢之路。還記得當初沸沸揚揚的「**多元成家**」嗎？「多元成家」指的是三套法案，分別為**婚姻平權**、**伴侶制度**及**家屬制度**，這三套法案均為《民法》修正案，目的是讓同志伴侶可以平等結婚，以及讓非婚姻形式的家庭獲得合理的法律保障。

這套矢志《民法》大翻修的基進倡議，最早源於九〇年代起台灣社會對性別平等議題的重視，之後在馬英九政府時代，各同志團體積極參與「性別主流化」的政策目標，後來則以「多元成家」概稱上面提到的三份修法草案。三個草案各自獨立，且同時送入立法院審查，但其中以婚姻平權（含同性婚姻）的部分，率先取得足夠的立委連署，並在二〇一三年十月二十五日通過一讀，而得以交付司法及法制委員會審查。

反觀另外兩套草案——允許單方解消的全新成家制度「伴侶制度草案」，以及保障不以血緣或姻親關係而因共同居住事實欲登記為一家人的「家屬制度」，則因引發較多爭議，仍處於民間倡議的階段（以台灣伴侶權益推動聯盟為主），甚至因為同婚紛擾不斷的關係，而幾乎乏人問津，被束之高閣。③

同志運動一直都希望能扭轉異性戀（順性別）佔主流人口及意識型態的社會成見。恐同或對其他性／別少數群體的歧視，當然不只是個人的問題，而是整個文化發展的歷史產物，因此**爭取自由平等的倡議行動不該也不應以「同性的兩人可以結婚」為終點**，因為這不僅沒有考慮到不想結婚、沒有伴侶的同志，更忽略了對非同性戀者的其他群體所承受的汙名、壓迫與權益損害。

① 二〇一五年美國聯邦最高法院的判決雖非採取「生兒育女說」，但其認定婚姻是為了體現「超越生死的一種愛」，其實也是一種婚姻本質主義，因為這個定義否定了許多並非出於愛的婚姻。任何試圖以某種「本質」來定義婚約當事人間的關係，都會有難以解釋的例外。

② 然而，《民法》第3章仍是以漢人為中心，訂定專章規範父母子女之間的關係，但維繫人倫秩序的，從來都不是父母的婚姻關係或「親生與否的事實」，而是養育、孝親等價值，因而重點應擺於《民法》第1055條以下關於父母對子女的「保護教養義務」，以及第5章中各種親屬間之扶養義務。

③ 「多元成家」中關於同性婚姻的草案（另外兩個包括伴侶制度草案、家屬制度草案）首先獲得足夠提案立委人數的連署，並在二〇一三年十月二十五日通過一讀，可惜未出司法及法制委員會就胎死腹中了。二〇一六年立委尤美女、林靜儀再度提案修《民法》親屬編，讓同性婚姻合法並保障同性伴侶收養權，獲得三十三位跨黨派立委連署。不過最終還是得透過大法官，才能使修法進程維持動能。

參

一碗情慾牛丼～歡迎指點法律！

性工作、性交易與性產業

龍建宇　梁家昊　高睿甫　黃鼎軒

性工作者，
一個存在於世界上千年的職業；
性專區的設立，一個存在台灣數十年的爭議。

當愉悅的性生活被視為人權，
一個無法控制自己身體的身障者，
能夠如何滿足自身的生理需求呢？

讓我們先透視現實性工作者的狀況、
釐清性交易制度的優劣、爬梳他山之石，
最後從義工團體「手天使」出發，省思障礙者的性權，
方方面面地了解一次「性產業」。

販賣淫亂者罪，價買青春者無所謂

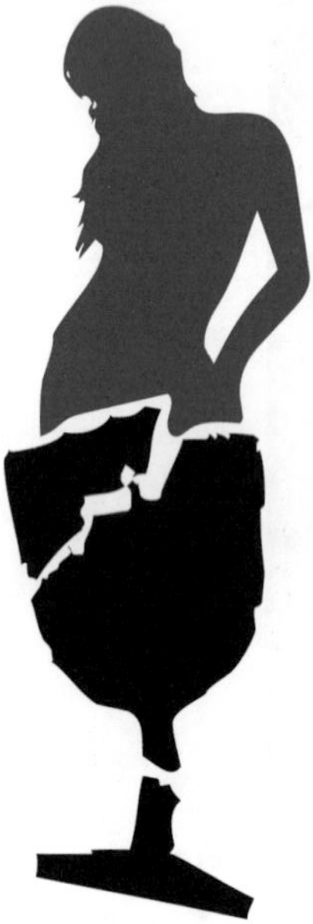

法白晚報　PLAIN LAW NEWS

我曾經輾轉聽過一名性工作者的故事，那名性工作者因為長期工作，導致腰部出了問題需要施打藥物治療抑制疼痛，但是在健保沒有給付的情況下她只能自費。

在平均一天接客賺不到多少錢的狀況下，她只好去找地下錢莊借錢，面臨高利息、暴力討債，已經身為社會經濟上弱勢族群的她，又掉入更深的弱勢迴圈裡了……

台灣對於性交易不論是社會或法律都踏在「禁止」的路上，這條路上遍布著黑道、暴力的聚集、勞動者的剝削，社會安全網的破洞。而這些進入性產業的工作者，多數為教育程度較低，或是面對生存危機而不得不。貧窮以及在勞動市場受到男性排擠，使得性工作變成部分女性合理的謀生方式。無情的社會關了這些女人們的門，法律非但沒有替她們開一扇窗，還讓這些女性的生活更加艱辛。

暗幕下的性工作者

性工作者交易時必須與顧客單獨處於私密的環境中，面對暴力、白嫖、強暴、搶劫等犯罪的機率都較一般人高，也必須時常對於警察的取締提心吊膽。不少的顧客，發生不給錢的強制性交，或是在性愛的過程中不使用保險套的狀況比比皆是，更誇張的是，在性愛的過程中對娼妓使用暴力者也有。面對這樣的環境，性工作者與應召站、馬伕、三七仔、皮條客等仲介第三人發展出合作型態，先由仲介接洽、篩選顧客，過濾警方釣魚的線民與意圖犯罪者；在交易過程中，也在外隨時待命，應付種種違背性工作者本身意願的可能突發狀況。

這樣的背景之下，性產業的集團性很容易便成形，黑、黃勢力交雜。運氣好的性工作者，或許能遇到抽成低、工作環境有制度的老闆；而運氣不好的，卻可能遭到藥物控制，甚至被圍事的黑道成員性侵害，而在黑道勢力進入的狀況下，受到不法對待的娼妓，因為覺得自己所從事的是非法行業，更會害怕去向警察求助。性工作者因此受到兩面夾殺，一方面面對黑道脅迫，沒有辦法自由選擇客人，甚至無法脫離性產業。

面對老闆抽成較高，價格較低，工作環境較差，私娼們只能在變相削價競爭中賺取微薄的收入；而警察機關不僅不是給予監督保護的盟友，反而是需要躲避的敵人，有心人士也可能抓準私娼怕被取締、不敢聲張的弱點進行犯罪，人身安全及身體健康面臨較大的風險，成為私娼必須面對的種種困擾，也難怪公娼團體會表示：「**主張廢娼就是把公娼推入性暴力的深淵**」。

性工作者面對國家，一樣求助無門

過去台灣的法律對於性交易奠基於「**一方販賣淫亂，另一方價買青春**」的價值觀，於是訂立出從事性交易的買方無需負擔任何責任，只有「淫亂」的性工作者須要受到處罰。在二〇一一年修法前，因為《社會秩序維護法》第80條第1項第1款的「意圖得利」要件，會違反《社會秩序維護法》的僅有性工作者，**除非涉及兒少性交易，否則嫖客不受處罰，就是俗稱的「罰娼不罰嫖」**。只要性交易當事人皆為自願且已成年，就只構成行政處罰而不涉及刑事責任。

在舊法的規定下，因為罰娼不罰嫖，警方為了取締娼妓，常告訴嫖客：「只要協助指證娼妓確實進行性交易，你就可以馬上離開，也不會告訴你配偶等」，使得已是性交易弱勢的性工作者，又被政府狠踩了一腳。在舊法實施二十年的統計下，女性成了絕大多數的取締對象。二〇〇九年，時任宜蘭地方法院簡易庭法官林俊廷和楊坤樵，於審理過程中，終於對於「罰娼不罰嫖」的條文提出了釋憲聲請。同年十一月，大法官終於在釋字666號針對「罰娼不罰嫖」之舊《社會秩序維護法》做出違憲的宣告。

本號解釋主要是從「平等權」的角度出發，認為性交易要如何管制及是否處罰，雖然是可以立法決定的，但是如果條文對性交易的買賣雙方，只有處罰「出賣勞力」

賺錢的賣方，而沒有處罰付錢「買快樂」的消費者，並且條文上只有以賣方有沒有想要賺錢作為是否處罰的標準，會形成法律上的差別待遇。以結論來說，**大法官並沒有直指性交易不應該處罰，而只有說明「罰娼不罰嫖」的規定是違反平等原則**。

隨後立法院於二〇一一年修正《社會秩序維護法》，修正公布的新《社會秩序維護法》第80條，處罰兩種態樣：第一種是在設有地方性專區以外的地方從事性交易；第二是在公共場所或公眾得出入之場所，意圖與人性交易而拉客的人。違反者可以處新台幣三萬元以下罰鍰。換言之，修正之新法似乎符合釋字中所述之中性之「平等」，而且容忍性交易的發生。

會有這樣的修法結果並不意外，因為民眾普遍無法接受性交易，更無人想要性交易專區設在自家旁，地方政府更不敢違背民意設立專區，性交易管制專區這塊燙手山芋，就從大法官丟到立法院，再從中央被丟到地方，而因為地方的行政怠惰，造成實質上「娼嫖皆罰」的後果。

娼嫖皆罰，但是被罰的還是女性？

大法官於釋字666號中有段耐人尋味的話：

鑑諸性交易圖利之一方多為女性之現況，此無異幾僅針對參與性交易之女性而為管制處罰，尤以部分迫於社會經濟弱勢而從事性交易之女性，往往因系爭規定受處罰，致其業已窘困之處境更為不利……

這段話無疑是大法官從實際社會面觀察，認為**多數處罰的對象都已經是在社會經濟上弱勢的女性，因而違反「實質平等」**，但是卻沒有對於實質平等做更多的闡述或是有更多的判斷。在台灣實質上「娼嫖皆罰」的狀態下，原本就處於弱勢的女性，受到更不友善的對待。根據學者統計，台灣在《社會秩序維護法》修法後，受裁定對象仍大多為女性，男性的案件數量極為稀少，且多為馬伕、仲介，並非嫖客。由此可知，不論修法前還是修法後，《社會秩序維護法》第80條的主要適用對象仍為女性，「罰娼不罰嫖」的情形並未改變，釋字666號維護的「男女平等」主旨未得落實，性別不正義的現況，沒有因《社會秩序維護法》修法而獲得改善。

除了性別的不正義，受到處罰的對象往往是弱勢中的弱勢。從數據上可明顯看出，取締結果具有明顯的階級／年齡歧視傾向：被取締的賣淫者有一半以上是中國或其他外籍性工作者；其次，在本地性工作者之中，三十歲以上者約佔總數的四分之三，四十歲以上者佔了約二分之一；超過三十歲的性工作者多半是在性產業金字塔內的中低層級工作，更遑論四十歲以上者。因此，我們可以清楚看見遭取締者的年齡極度不符合比例原則。簡言之，年齡及身分的統計數字，反映出**因為賣淫而被捕的女性，多以邊緣的移民或高齡女性為主**。

細究造成上述數據產生之緣由，因為警察難以進入四、五星級飯店進行調查，除非未成年人性交或被強暴，否則檢方難有介入調查的餘地，也少會在此進行臨檢，能在這類場所出入的性工作者，屬於「高收入、低風險」族群；而得在街上公然拋頭露面拉客的流鶯，最易成為警方消極執法下「象徵性取締」的目標，成為位於性交易產業金字塔底層，「低收入、高風險」的一群。① 大多數的流鶯都是年紀較高，或是沒有人脈，甚至沒有身分的外籍工作者。但，流鶯人數雖只佔市場不到百分之五，且是沒有後台的個體戶，卻得承受近八成的取締；相反地，酒店、三溫暖等暗藏春色的八大行業，雖佔整體性產業市場的百分之七十，但仗著後台權勢，幾乎完全不會被取締，**《社會秩序維護法》第80條形同「取締流鶯條款」**。

在台灣，法條上雖開了個小門允許各縣市可以透過自治條例設置性專區，但沒有一個縣市有設，因此性交易工作者從事的是實際上違法的職業，在檯面上他們是沒有職業的，沒有勞退休金、沒有職業災害保障，整個社會安全網對於性工作者難以產生作用。實質上禁止性交易的結果，是讓處於弱勢經濟地位的女性更加弱勢，顯然無法達成「實質平等之要求」。

---

① 日日春關懷互助協會，〈「保障性工作勞動權聯盟」拜會各黨團，行動說明與訴求〉。

千年娛樂產業，在地管理經驗

法白晚報　PLAIN LAW NEWS

從2009年大法官第666號釋字出爐，到2011年、2016年《社會秩序維護法》多次修正，台灣目前走到了各縣市政府皆可設置性專區合法化性交易的現狀，然而專區設置是否是個管理性產業的好方法？

也許，從這塊土地上歷代政府的娼妓管制經驗，可以獲得一些反思。

誕生於渡台禁令的娼妓業

一六八三年，清康熙聽取了施琅的建議攻打台灣，但同時為了平衡當時的棄台論者，頒布了「渡台禁令」，該禁令不僅禁止人民偷渡到台灣，連合法來台戍守台灣的班兵、文武官吏，也不許攜眷。這種政策使得台灣成為一個充滿男性移民的社會，台灣娼妓業就在這種性需求極大的社會氛圍下誕生了。而位處帝國邊陲的台灣，來台的官員皆以調回內陸為頭等大事，對台灣政務大多放任不管，在這種管理方式下，也**造成台灣「隨地民家、隨地娼家」的歷史痕跡**。

飄洋過海的公娼集中管理制度

一八九五年，甲午戰爭過後，清廷戰敗，將台灣割讓給日本政府，接收台灣的日本政府，為整理遍地私娼的亂象，決定依循日本既有的公娼制度來好好整頓台灣的娼妓。首先，日本政府在一八九六年推出了「檢番」機構，該機構專門處理娼妓相關事務。其事務包含製作公娼名冊列管、監管娼妓的行動自由、管理藝妓出局（應召）、例行性病防治檢查、定期徵繳營業稅金、配合官方辦理相關活動等（例如配合官方招待外賓）。

而遍地私娼被日本政府認為有礙觀瞻及市容，便設置「遊廓」將妓院集中管理，其中最先設立者為萬華的「艋舺遊廓」。除了在萬華設立「遊廓」之外，**日本政府也曾在一九二七～一九二八年左右將龍山寺和龍山國民學校間的新興市街——「九間仔街」劃定為台灣人娼妓的特區**，並將台灣人的「查某間」都遷移集中到「九間仔」。

在這樣的管制方式下，各個特區夜夜笙歌，直到第二次世界大戰末期，因為日本在中國及太平洋的軍事情勢不佳，祭出「戰時節約」政策，規定全台的大、小酒樓、跳舞場、咖啡店……等娛樂場所都要關閉，在該等場所任職的舞女、酒女全部都應轉行去做女工或理髮行業，投入國家勞力的生產線上，特區榮景至此才暫時沉寂下來。

然而，單方面強制性的政策終究無法壓抑人類本身對於性的需求，所以隨著戰爭結束，國民政府接收台灣後，長期因戰爭而禁錮的人性也解放開來，酒家餐館的燈火又照亮了台北夜晚的天空……

國民政府欲拒還迎的娼妓管理政策

國民政府接收台灣後，認為台灣在經過日本人五十年的統治後，社會已習於淫靡之風，故提議進行「社會風俗重整計畫」，更於一九四六年單方面宣布廢除公娼。但因為當時並沒有相對的配套措施或其他積極的轉業輔導，反而造成了包括公娼以及其他因正俗措施受影響的從業女性大量失業，因失業而生的自殺事件頻傳。翌年，政府便決定再度恢復公娼制度。

直至一九四九年，國民政府在國共內戰失利後，陸續將軍政人員分批撤往台灣，因遷入者多為男性，台灣再次面臨男女人口比例失衡之景，為了慰藉歸家無期及軍人，國民政府更需要公娼以慰浮動的人心，台灣公娼在此社會背景下，得以繼續生存。

失去軍事實力與大片領土的國民政府，為了在國際上繼續宣示主權，就簽署聯合國第四次大會通過的《國際禁販婦孺公約》，於是在國際條約的束縛下，國民政府不方便公然使娼妓合法化，但又必須解決台地軍政人員的生理需求，遂**推出**「**特種酒家**」

制度，以此作為全面取締娼妓的一種過渡階段。「特種酒家」除了名稱須加上「特種」兩字之外，營業場所也可設置廳房以及「特種女侍應生」，如果侍應生跟嫖客情投意合，還可在酒家附設的房間中直接進行性交易。

而在新北投溫泉旅館區所規劃的風化特區中，因旅館與特種女侍應生居住的「住宿戶」是分開設置，沒有前面說的特種酒家那麼方便，旅館會以電話方式招特種侍應生來旅館服務，住宿戶接到電話後，會用機車將女侍應生送到各旅館、飯店應召，這就是所謂的「限時專送」，在當時常可看到許多機車後頭坐著打扮得花枝招展的女郎，穿梭在北投的市街上。特種酒家制度的折衷辦法直到一九五四年三月，省政府公布《台灣省管理娼妓辦法》後才被廢止。

台灣省政府於頒布《台灣省管理娼妓辦法》時，原寄望在兩年內透過將娼妓劃定區域，登記管理並輔助從良的措施，來改善娼妓問題並使之絕跡。但各地的取締成效卻不顯著，故省政府遂於一九六二年時修改該辦法第32條「各縣市取締娼妓，由本省視實際情形另行規定之。」至此，台灣當局的禁娼、廢娼目標成了無限期的延長。

國際買春團的湧入，外匯大量成長的關鍵

原已興盛的色情業，在國際情勢的變動下，為滿足來台外人的需要，更加興盛。一九六四年美國介入越戰後，因地緣關係，台灣成為美軍後送的休假中心之一，由於當時國際機場還在松山，美軍顧問團、司令部、俱樂部等也多設在台北市中山北路一代，是以來到台北洽公旅遊的美軍不計其數。而為了滿足軍人在脫離戰火之後，需要透過交合使疲憊的身心舒暢，台灣政府在當時也順勢以「女人柔順、食物精美」為特色吸引美軍，就這樣娼妓業繼續繁榮，台灣也因此賺進龐大外匯。

中山北路一帶更因地緣之便，發展出包括台北市雙城街、民族路、中山北路、林森北路、民權東路和農安街一帶的「外事綠燈街」等美軍專屬風化區。為因應在風塵界中的美軍市場，當時甚至出現了兩種吃香的行業，一是教酒吧女說幾句簡單的英文會話，另外就是代酒吧女書寫英文信件，酒吧女們也紛紛取起了英文名字，說上幾句洋話，以應需求。

一九六七年十二月二十二日美國《TIME時代周刊》亞洲版，更在介紹美國駐外部隊在亞洲各國度假情形的彩色頁畫中，刊登一幅以陪浴女郎為主題的照片，並指稱為台灣特色。這篇圖文並茂的報導在當時引起了軒然大波，社會各界都認為這是一張有失國體的猥褻照片，並且擔憂刊登在銷售量高達數百萬的《TIME時代周刊》上，會影響一般觀光客對台灣正確的認識。因此，掛不住面子的台灣政府，為了向國際顯示斷絕娼妓的決心，決定以公然猥褻及妨害風化等罪名將照片中的女郎移送法院，並勒令該旅館停業七天。

集中管制政策再現

國內的需求加上國際因素的刺激，台灣的色情業開始嚴重氾濫，一九七四年八月政府為了遏止色情業蔓延，祭出「寓禁於徵」的措施，鉅額提高特定營業的許可年費，然該政策卻使原來合法經營的業者紛紛遁入非法經營狀態，並開始流竄於城市的每一個角落。

色情行業開始流竄入侵住宅區後，市民的生活受到影響，遂要求政府在色情業無法全面禁絕的情形下，最起碼應該要把色情趕出住宅區，於是設立專區集中管制的呼聲又開始高漲。一九八九年時，台北市政府工務局的計畫中甚至出現選定將「社子島」開發為特定專業區，但該計畫由於爭議過多，最後也只落得不了了之的結局。

一九九五年陳水扁當選台北市長後，大力「掃黃」以爭取市民掌聲。但因當時公娼制度尚存，台北市政府尚在核發妓女證，邊掃黃邊發妓女證的行為，使陳水扁在市議會上被國民黨秦慧珠、陳學聖、李慶安等八名議員砲轟虛偽，於是陳水扁當場宣布自該日起不再發放妓女證，更在二月市政府的內部「市政會議」中，決議廢止《台北市管理娼妓辦法》，並在市議會以極快的速度通過廢除。

後因公娼集體抗爭，在一九九九年一月馬英九主政台北市政府時，公娼們爭取到兩年的緩衝時間，但自兩年後的二〇〇一年三月二十七日開始，公娼制度徹底成為歷史，台灣的色情業開始進入地下化的世代。直到二〇〇九年大法官還性工作者一個清白，**《社會秩序維護法》也在二〇一六年修正讓地方政府可以設立專區，合法化性交易，**

但迄今還沒有地方政府敢開此先例，性產業的合法化仍遙遙無期。

人民對於色情的接受度，成了設置專區的最大難度

《社會秩序維護法》授權地方政府得以設置專區合法化性交易的規定，自歷史脈絡來看，其實又走回將性產業集中管理的老路，但色情／特定營業專區的設立問題仍具有相當的難度，除非人民對於情慾空間的接納度更加開放，否則關於這個問題的解決將會無限期延長。或許，讓人們接受性工作是一個正當職業，才是徹底根除問題的辦法。

$€X
HUMAN RIGHTS

性愛一條街還是性愛個體戶好？

性專區制度的障礙

法白晚報　PLAIN LAW NEWS

許多人以為，台灣性交易採取「專區制」的管理措施，是2011年《社會秩序維護法》修正後開始。

自國民政府接收台灣，到1990年代止的軍中樂園以及公娼館，其實便是「在劃定的區域內，由私人經營政府依法令准許的性交易場所」。

2011年的《社會秩序維護法》修正，除了改為「娼嫖皆罰」之外，就只是將以往法無明文卻行之有年的「地方政府特許」情形寫進法條。

看似從國外引進的「專區制」，其實不過是延續了「傳統」……

隨著傳統性產業中女性被剝削、暴力對待、人口販賣等情形被陸續揭露，**社會上反對性交易的理由也從空泛的「傷風敗俗」轉向以「人性尊嚴與人身安全」為主**。婦權運動的崛起，更讓性交易議題從早年以男性需求為中心的出發點，漸漸轉向關心底層弱勢女性的處境。在此觀點下，性工作者被當作弱勢，甚至是「受害者」，「不罰娼」、「反對剝削與性暴力」，「讓底層（女性）有其他工作可以選擇」幾乎成為性別圈的共識。因此，法律層面雖然是新瓶裝舊酒，但管制及處罰的正當性基礎卻跟早年截然不同。

然而現實的問題是，性交易行為就是會存在，並且因短時間的收入較其他行業豐厚，因此「自願賣身」的行為也難以禁絕，那麼法規究竟要如何設計呢？多數人對性專區的想像是「只要設置在專區範圍內就可以了」，但事實上並非如此。相關限制還包括：

性交易「場所」應辦理登記及申請執照，未領有執照，不得經營性交易。

而性交易「服務者」，應辦理登記及申請證照。

——《社會秩序維護法》第91之1條第2項第4及第7款

換句話說，**性工作者**（**提供性交易服務的人**）**必須隸屬於某個「性交易場所」才能進行性交易，而這個場所歸某個「負責人」管理**。這同樣是承襲了舊制的規定，杜絕了「外出服務」的可能。也就是說，性工作者不能到旅館（甚或客人家中）進行服務，即使旅館也在專區內。

另外，**《社會秩序維護法》也規定「專區」必須在「商業區」裡**（第91之1條第2項第1款），但商業區的地價與租金就已經比較貴，這也意味著，必須要先有足夠的資金，才能夠合法開店，妓院式的性交易場所幾乎是必然的情形。綜觀來看，合法的性交易場所仍然會被資本家操縱，因為沒錢的人開不了店，性工作者們也無法擺脫被抽成的命運。

姑且不論性交易議題的高度汙名，關於性工作者跟妓院老闆的法律關係，社維法只有提到「性交易場所負責人，亦應負責督促其場所內之性交易服務者定期接受健康檢查」（第91之1條第2項第7款後段），我們不但無法確認性工作者跟妓院老闆之間是不是「雇傭關係」，甚至連性工作者是不是「勞工」、組「工會」會遇到的困難都還沒有討論呢！

另一個不同的角度是，現行的專區制就算落實了，性交易場所大概也會被歸類到特種行業。但在台灣，特種行業（例如酒吧）大多開設在地下室或是舊建築中，並未落實無障礙環境。那麼，就算真的有合法性交易場所了，但卻排除了障礙者的使用機會，這樣的制度，算不算是「歧視」呢？

個體戶的管理模式

相對於台灣現行的這種「妓院式」管理模式，國外也有所謂只允許「個體戶」的法規，**在台灣最常聽到的即是香港的「一樓一鳳」**。這類法規的出發點是考量傳統性產業太多人口販賣以及毒品或金錢控制，是發生在「妓院」或有媒介的情形之下，而這些集團也常與當地的黑社會掛勾，形成治安問題。**採用此制度的地區通常並不是「認可」性交易行為，只是「不處罰」性交易行為本身，但仍會處罰相關的行為。**

除了禁止媒介行為之外，在香港，通常攬客與刊登廣告也會受罰。因此，性工作者們實際上還是常常會被公權力侵擾。而且，由於禁止任何形式的「媒介」，當性工作者們要彼此「互助」（例如共同租用房間，或是一起行動以免被滋擾）時，也可能被認定為是在相互媒介，而屬於違法行為。例如香港《刑事罪行條例》第137條「依靠他人賣淫的收入為生」規定：

❶ 任何人明知而完全或部分依靠另一人賣淫的收入為生，即屬犯罪，一經循公訴程序定罪，可處監禁十年。

❷ 就第❶款而言，任何人與一名娼妓同居或慣常在一起，或控制、指示或影響另一人的行動而所採用方式顯示他或她正在協助、教唆或強迫該另一人向他人賣淫，

則須被推定為明知而依靠賣淫的收入為生，
除非他或她證明並非如此。

儘管「強迫」是理所當然的犯罪，但當連「協助」甚至「常在一起」的人都會被有罪推定，性工作者本身就算沒有被處罰，也仍然是被孤立的。總的來說，**這種讓性工作者「落單」的制度，可能會讓性工作者處在更不安全的環境之中**。

還有一種常被提及的管理措施，即是「罰嫖不罰娼」，希望將「需求」斷絕後，在市場上就能讓「供給」消失。此類制度的出發點是「性工作者往往是性產業中的受害者」，並且考量到「因貧而娼」的現況，知道處罰娼妓並沒有管理實效。

然而，當嫖客成為被處罰的對象，並不意味著性交易情形會消失，而是嫖客會選擇隱瞞身分與性工作者聯絡，這表示性工作者沒法過濾掉不安全的客人，又或是仍然必須依靠仲介或黑社會來保護自己。

整體而言，這反而增加了性工作者的成本，而且沒有減少黑社會的介入。就實證結果來看，採取此制度的瑞典，其性交易數量與此制度的關聯性並不顯著，① 更重要的是：收入的可能性減少了，那麼原本從事性工作的人們處境就變好了嗎？

性交易管制措施所面臨的新挑戰

首先，「廣告」雖然是一種「媒介」行為，但在網路上刊登廣告時，刊登平台對於性工作者的操控權力並不像傳統妓院那麼大。在這樣的情形下，「媒介性交易」的處罰以及刑度的正當性，即需要重新省思（不過，性交易廣告仍常被認為「有害兒少身心健康」而需要禁止，參考司法院釋字第623號）。另一方面，網路的發展也讓視訊性愛表演成為可能。在這種情形中，「直播主」是因為猥褻或性交行為而取得收入，因此的確是「性工作」。不過，這種模式並不用擔心被客人暴力對待，也不用擔心性病，再考量其他諸多差異，真的能用傳統的性交易管制措施來管理嗎？

在思考性交易議題的時候，必須先承認不同形式的性交易的存在。例如妓院的模式跟流鶯的模式就不一樣；而除了視訊性愛表演之外，許多人也沒注意到ＡＶ演員也是「性工作者」。這些**不同形式的性交易，也許就沒辦法用同一套標準進行管制**。

而各種不同的管制措施，應該也有併行的可能。例如妓院作為要容納多人的「營業場所」，或許必須符合都市計畫與「專區」的要求，但是個體戶或是「外出」（到客人家裡或旅館）服務應該就不需要受限於「專區」了吧？更重要的，我們究竟如何看待性工作者呢？性工作是一種「正當」行業，還是只是「因為很可憐，所以不處罰」呢？當性工作者表示被暴力對待時，那些訕笑地說著「一定是價錢談不攏」的歧視言論與社會氛圍，恐怕就是最先需要被改善的。

---

① 這點有興趣的讀者可以參考 Juno Mac 於 TED 中的演講及 Jina Moore 於 BuzzFeed 所刊登的 *In Sweden Being A Prostitute Is Legal—But Paying One Isn't* 一文，瑞典採取的需求終結法透過罰嫖不罰娼期待降低市場需求，但因為娼妓處於經濟上弱勢，相關規定實施的結果並沒有辦法遏止交易，嫖客仍會透過匿名等方式進行，進而增加娼妓的接客風險與篩選客人的空間。

人中之龍的風俗街物語——
看日本性交易規範

法 白 晚 報　　PLAIN LAW NEWS

昏黃的燈光，偌大招牌寫著「飛田新地料理組合」，再往內走，巷弄瀰漫香水和著汗水的味道，以及排列整齊的日式風情白色小招牌，你知道即將迎接而來的是一場心靈饗宴。

往右拐是妖怪通，往左拐便是青春通，循著媽媽桑的熱情吆喝，逐漸脹大的慾望及感官知覺——進入充滿二十歲成熟胴體的青春通，尋找令人流連忘返的溫柔鄉。

結束後，店家拿一根棒棒糖給你，是小時候最愛的一支五元的不二家，叼著那根棒棒糖，其他店家就會有默契地不再熱情招呼，你同時也明白夢該醒了……

這裡是大阪「飛田新地」（とびたしんち），與東京「歌舞伎町」（かぶきちょう）齊名，都是日本最有名的紅燈區之一。

相對於台灣，日本的性產業如AV、紅燈區甚至是風俗業，佔年產值約兩兆三千億元日幣，換算日本國內GDP約百分之零點四。為何日本的性產業會如此蓬勃發展？而法律在其中扮演的角色又是什麼呢？

食色性也——日本賣春歷史

你說，要瞭解一個文化必須先從它的歷史著手，這我同意。

日本從十世紀開始，就有以賣春（日文稱「売春」）為職業而存在的個體戶。要說將賣春集中管理的「公娼制度」，則可以追溯至十七世紀江戶時代初期的「三大遊廓」，也就是江戶吉原、京都島原、大坂新町。

公娼制度是指由政府公權力許可，於一定條件下允許經營賣春，所獲得的部分利潤當然必須繳給政府。其中，經許可賣春的女子稱為「遊廓女子」。遊廓女子大多是被賣身後集中管理，從最上階賣藝的「高級遊女」，到最下階單純賣春的「下級遊女」

分門別類，若要經營賣春場所，則必須要有特殊許可，同時政府也嚴格取締私娼；若未經許可而經營賣春業者，最重可以被處以死刑。

而現代化的「公娼制度」，則可以追溯自一八〇二年拿破崙時代於巴黎所建立的強制性病檢查，並搭配公娼登記制度為系統化管理，此制度也於一八七〇年代傳入日本。公娼制度往往涉及婦女人口販賣，為了避免非人道待遇，日本政府制定「**藝娼解放令**」（一八七二年）及「**娼妓取締規則**」（一九〇〇年），以終結自江戶時代以來的娼妓人口販賣問題，然而民間仍有以身還債的賣身方式。

隨後日本第二次世界大戰戰敗，依《波茨坦宣言》，暫時由「駐日盟軍總司令」（簡稱「GHQ」）接管日本。「GHQ」於一九四六年二月以公娼制度違反民主主義與個人自由權，主張應放棄一切賣春業務，日本政府為了配合「GHQ」，於同月廢止《娼妓取締規則》，全面廢除公娼制度，但因為日本政府只取締紅燈區外的賣春行為，等於變相默許公娼繼續存在。

《賣春防止法》的制定——娼嫖皆不罰

「那廢除公娼後呢？人類最原始的慾望還在啊，那法律要怎麼訂？」

現今日本法律將性產業分為「賣春」以及「類似性交行為」兩類，前者以一九五六年制定的《賣春防止法》（売春防止法）規範，為了根絕買賣女性等違反人性尊嚴的情況，特別針對賣春業者科以刑事處罰，並全面廢止賣春行為；如果只以打手槍或口交等沒有性器官接合的「類似性交行為」為業，則適用一九四八年制定的《風俗營業等適正化法》（風俗営業等適正化法）予以規範。

根據《賣春防止法》第一條規定，賣春妨害人性尊嚴，違反性道德，同時破壞社會善良風俗，應處罰助長賣春的行為，同時對於賣春女子進行輔導處分與保護更生措施。而**所謂賣春是指，接受對價或約束，與「不特定對象」性交的意思**（賣春法第2條）。

雖然賣春法第3條規定，任何人不得賣春或買春，但實際上只針對賣春業者設有刑事處罰，對於單純買春、賣春並未有任何罰則。因此，依據賣春法第5條以下，除處罰拉皮條（第5條）行為外，也處罰媒介（第6條）、迫使他人從事賣春及收取報酬（第7、8條）、提供利益使他人為賣春（第9條）、簽訂使他人為賣春契約（第10條）、提供賣春場所者（第11條）、組織賣春行為者（第12條），以及提供賣春提供者或組織賣春者所需資金的行為（第13條）等，都可以科以徒刑及罰金（第15條）。

隨著賣春法的施行，賣春行為雖然表面看起來銷聲匿跡，但有需求就有供給。由於當時法律規定，性交指的是男女性器官接合的行為，業者動腦後，只要不讓「男女」、「性器官」接合就不違反賣春法，因此透過有個人房的浴場，或利用「類似性交行為」，就可以變相經營賣春。

又因為賣春法只處罰媒介賣春的人，且依法律規定，賣春是與「不特定對象」，因此腦筋動得快的業者就對外宣稱，客人是來店裡與女子「自由戀愛」後所發生的性行為，是「特定對象」，不違反賣春法的規定，使得賣春行為死灰復燃。

夾縫求生存——蓬勃發展的風俗業

「那《風俗營業等適正化法》是如何規定的？現在的風俗產業又是怎麼來的？」

「類似性交」行為，指的是使用性器以外的身體部位，例如手、口等使客人射精的行為，適用風俗法的規定。而風俗法的立法目的，是為了保持善良風俗、清淨的風俗環境及防止妨礙少年健全發育成長，針對風俗業所及性風俗相關的特殊產業，限制其營業時間、營業區域及少年等禁止進入等，且為了使風俗產業健全化、適當化，而制定本法。

風俗法規範的對象有風俗營業（例如麻將店）及性風俗關聯特殊營業等，例如泡泡洗體（ソープランド）、電話交友（テレフォンクラブ）及情侶旅館（ラブホテル）等。為維持善良風俗，除了經許可的提供酒類飲食店外，特別規定風俗業者於深夜（深夜〇時起自早上六點）不得營業，但深夜的定義會隨著都道府縣（日本行政區劃）的不同而有改變（風俗法第13條）。當然，營業場所也不得設置在住宅區、學校或醫院附近，也限制未滿十八歲青少年進入。

「為什麼賣春法禁止性行為，但實際上風俗業還是會發生性行為？這不違反賣春法嗎？」

舉例來說，在泡泡浴「風俗」服務過程中，客人向店家支付入浴費用，於一定時間內，由按摩師以性器以外的身體部位進行按摩、幫客人洗澡。雖然被限制禁止以性器性交，但服務過程中，也會有客人與服務人員私下講好價錢而發生性行為的情況。不過，由於店家只收洗澡錢，非經營賣春行業，而按摩師與客人則屬於特定對象，透過這種方式來規避賣春法的處罰。

不過，根據平成二十九年版《犯罪白書》統計，二〇一七年違反賣春法的人數共有六百四十五人，其中外國人佔四十九人；而違反風俗法案件共計兩千五百零四人，其中外國人佔一百九十人，**賣春法及風俗法的確發揮一定的取締作用**。

老司機：「車該怎麼開？」——未來展望

主張性交易行為合法化的人，最主要的理由是「**性自主決定權的行使**」，基於性自主決定自由，賣春的人可以決定何時、與誰、如何發生性行為，並且以性交易為業。更何況，性交易是雙方當事人之間的行為，不會有被害人，也不會對誰造成傷害，而且社會中也有些身心障礙者或高齡者等性弱勢者，透過健全的性交易制度，可以滿足他們的性需求。而主張禁止性交易的人大多認為，性交易行為在現代男權體制社會下，更容易使得女性地位被從屬化及邊緣化，也就是成為男性的「從屬物」，將更鞏固或強化男性主義。

早期的賣春法認為只有男女間性器接合才是性交，但隨著二〇一八年六月日本《刑法》修正對於性交的概念，認定除了性器接合外，肛交或口交也屬於《刑法》所謂的性交。這項修法，是否將使原本的「性交類似行為」，如原本不符合賣春法性交定義的口交，變成違反賣春法的行為？東京二〇二〇年即將舉辦奧運，日本政府開始大幅掃蕩性交易及風俗產業，會不會使得風俗業逐漸凋零，仍值得繼續觀察。

走出飛田新地，揮揮手招攬計程車：「我要去×××」。
隨即，你吸吮一口棒棒糖，一個恍神糖汁滴到衣服。
你用手指擦了擦，再往嘴裡塞，這糖可真甜呢！
這是你對今晚所下的結論。

參考資料

①中里見博〈性風俗営業の人権侵害性「性交類似行為」をさせる営業等の違法性に関する諸判決〉《行政社会論集》二十三巻三号頁八十七至一〇三。
②金川麻里〈今日的売春の法規制：売春規制の歴史と現代的売春規制〉《龍谷大学大学院法学研究》十一号頁二十三至四十七。
③三成美保〈日本における買売春の歴史〉http://ch-gender.jp/wp/?page_id=189
④平成二十九年版《犯罪白書》http://hakusyo1.moj.go.jp/jp/64/nfm/mokuji.html

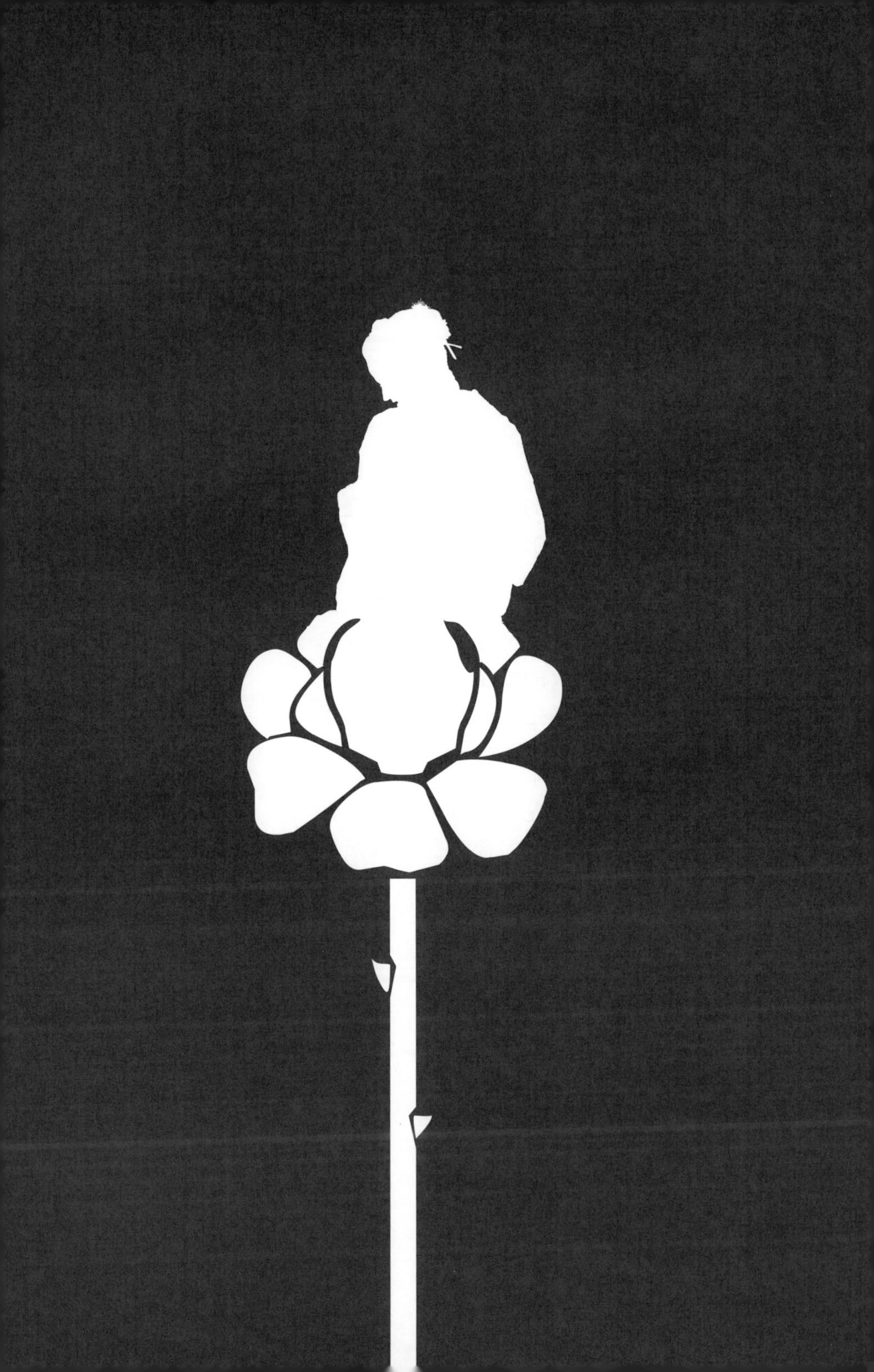

法白晚報　PLAIN LAW NEWS

多數性工作者的困境除了本身的貧窮、教育程度較低，在性交易市場本質上較為壓迫女性的情況下，生理女性佔據了性工作者勞動人口的多數，進入性產業是許多女性不得已的選擇。

而在資本社會裡，個人往往沒有強大的資本產出商品，只有勞動力的個人就這樣被經濟實力強大的雇主操控，個人被雇主操控的不僅僅是勞動力，更伴隨著與勞動力依附的人格權。

以性工作者為例，在勞動關係底下，性工作者將自己的勞動力像商品一樣販賣給雇主，對於性，她們喪失了自我決定的權利。

在性交易的過程中，傳統「男嫖客對女娼妓的支配臣服」、「貧窮大於性病感染風險」，使得娼妓不僅無法自主選擇顧客，得面臨顧客的性暴力，即便比顧客還要堅持使用保險套等安全防護措施，但顧客仍有「不戴套」的話語權。性工作者的雇主秉持「消費者最大」的精神，在未能提供相應的保護措施下，性工作者在當代的資本社會、父權社會下面臨了勞動與性別的雙重異化。

資本社會與父權社會的雙重夾擊下，性交易合法化是個好解方嗎？

事實上，不同流派的女性主義學者對於是否要將性交易合法化有著不同的看法。如自由派女性主義學者鼓舞女性對內充實精神獨立，對外加強生理和經濟獨立，企圖營造與男性公平競爭的環境。這一派學者認為，本質上性工作也是一種工作，女人具有是否從事性工作的自主選擇權，而且是一種經濟獨立自主的展現，因此支持性交易。

基進女性主義認為性騷擾、性侵害、色情和物化都是因父權體制而存在，這些性的迫害形態助長了男女間的弱肉強食，象徵著男性的勇猛與強悍，而賣淫則是純然基於性別的剝削，是父權體制下女性從屬地位的體現；賣淫也是女性被壓迫的一種手段——對女人的性利用與剝削。因女性多受經濟文化的劣勢影響而被迫進入賣淫市場，被當成工具、成為性客體，不僅出賣身體，也出賣自我。在這樣的觀點之下，基進女性主義者認為性交易不應合法，或是至少要處罰顧客、仲介，而不應處罰娼妓。

但僅僅處罰購買性服務的嫖客也未必是一個好的方法，以處罰嫖客的代表國家瑞典為例，瑞典政府認為根據供需法則，只要嫖客的需求下降，提供性服務的娼妓便會減少。整體而言，瑞典經驗創造了正面的社會價值觀，並扭轉了性別不平等的現象。瑞典的官方統計數字顯示，新法實施後街頭流鶯的數量減少了百分之五十五，但是**學者的觀察其實是這些娼妓並未減少，只是被逼入更加孤立無援的危險處境**。瑞典當地妓權團體 Sex-Workers and Allies Network in Sweden 指出，原本與性工作者已建立默契的「好客人」因害怕被捕而不再光顧，娼妓只好到遠離警察的偏僻城外拉客，取而代之光顧的是犯罪程度較高的麻煩人士。娼妓被迫面對更多暴力與強暴、不安全的性行為，也更加依賴老鴇與仲介以保護自己。

另外，社會女性主義認為婦女在家庭（私領域）所做的「再生產」（reproduction），如：性（sexuality）、孕育、養育、個人情緒支持及生活養護等，也是兼具使用價值（use value）及交換價值的「生產」。此流派認為賣淫無異於一般的勞動，也應該享有合法地位與保障，是為「擁娼」論述；另一方面則又譴責資本主義私有制的不道德、私有制下被迫出賣勞動力的不道德、私有制下女人於婚姻中性服務的不道德。

在爬梳不同的思考後，也許我們應該要關注的問題點是，**如何保障性工作者不只是被玩弄、凝視的客體，而可以自主獨立、自由選擇；如何在法制上摸索創造出一個對性工作者較有利的工作環境，也對消費者進行基本的訓練和教育**。如此，性工作者的自主性和主導性不僅較不容易被泯滅，反而可能得到進一步掌握自己身體的機會，終結「女性全然被宰制、剝削」的傳統想像。

來自歐陸的合法化經驗

荷蘭的性產業源遠流長，當地曾於一九一一年實施《公共道德法》，禁止老鴇、仲介與妓院經營者，然而性產業不僅未銷聲匿跡，反而假冒其他合法行業繼續經營。一九八八年，荷蘭《刑法》中從娼相關條文刪除，娼妓正式成為合法職業，警方無權將娼妓造冊列管，否則將違反資訊保護法令；二〇〇〇年起，妓院在歷經抗爭後終於也合法化，荷蘭《刑法》中規定，只要不是以強暴、脅迫、引誘等手段，強制他人或未成年人進行性交易，僅是媒介自願從娼者，不受處罰。

合法化後，妓院經營者一方面得到法律保護，另一方面必須取得執照；為了獲得執照，必須遵守相關的消防、建築以及地方法規要求。娼妓也從此有權要求經營者提供衛生的工作環境，並有權自己決定是否接待特定嫖客，以及中止勞動契約。娼妓並無體檢的義務，但妓院經營者需要教導其避免感染性病，督促其定期接受體檢，並提供保險套。

娼妓放棄從娼時，原則上不能領取失業津貼，除非向地方勞工局登記失業並有接受就業仲介的意願；勞工局不會仲介性方面的工作，也不得強迫任何人接受此工作。如妓院為其投保且受雇的娼妓可以證明其無法繼續從事其他工作，則娼妓可以申請領取無法工作之年金。

荷蘭娼妓的法律地位之所以能夠獲得提升，背後的推動力是荷蘭社會對於性產業的務實態度。各地方政府在不違反中央法律的範圍內，有權制定相關法規管理性產業，雖可以禁止特定的經營方式，但不得完全禁止性產業的存在。紅燈區是一個龐大的娛樂區，除了著名的櫥窗女郎外，從情趣用品店、小劇場到餐館、酒館、咖啡店一應俱全，提供了各式各樣的消遣娛樂機會。

整體而言，相較於將性產業非法化的國家，紅燈區的中間剝削問題並不嚴重，也不時可見警察的身影穿梭其中，負責維護秩序與查緝毒品。有些城市如阿姆斯特丹，紅燈區同時是住宅區，許多人家世代居住在此，從事與性產業完全無關的行業，也可見孩童正常出入。

德國屬於有條件式開放管理，為保障廣大市場中的性工作者，二〇〇二年制定了《性販售管理條例》，為性工作者提供退休、撫卹、社會健康保險，以及每週最低工作時數薪資等保障，且允許性工作者組成工會。關於仲介性交易之工作者，除非有剝削行為存在，亦屬合法。

此外，德國在二〇一七年末進一步實施更嚴格的管制措施，以利提供性工作者更多的保護，期待性工作者與妓院的進一步轉型。其主要內容為：提高性工作者的年齡限制、強制性使用保險套、一年二次的健康諮詢、要求妓院具有最低數量的衛生及安全人員。但也有人認為，越趨嚴格的政策也容易導致性交易地下化，反而更難提供保障；若要拯救人口販運的受害者，正確之法應為提供更加穩定的生活及住居，幫助其抗拒進行性交易的誘惑或無奈。

開放性交易後最重要的課題是什麼？

性交易作為世界上最古老的職業之一，完全禁絕性交易歷史只會重蹈覆轍，對於性工作者形成一再的打壓、權利的剝奪；況且在現行法制下，貧窮、教育程度較低、追求完全獨立多為女性進入性產業之原因，如此一來在勞動市場本質上較為排擠女性的狀況下，難道還要禁止這少數她們可用以展現主體性的行動方式？**在性交易產業非法化的情況下，性交易工作者若在從事性交易時遭受暴力、逼迫或剝削等，反而將使女性無法向外求助，增加「犯罪黑數」的產生**。

既然無法禁絕，如何讓性工作者在決定「不想做了」之後可以自由離開，在社會上找到工作，或是保障他們最基本的勞動與衛生條件，才是開放性交易後最重要的問題。台灣的下一步，也許可以參考德國與荷蘭的做法，將性工作者之健康檢查、健康教育、強制使用保險套納入規範之中，並且對於性工作者之勞動條件進行規範，包括最低工資、職災等，使雇主負起對她們的照顧保護義務，才能有助於性工作者整體社會地位之提升，防止社會利用性與勞動對女性的雙重剝削。

人人都有做愛的權利，如何讓台灣接軌國際性權的發展

法白晚報　PLAIN LAW NEWS

在台灣，比較早為人熟知的是「性自主權」一詞。

早年，強姦罪（舊稱）的重點是「傷風敗俗」，並不重視被害人的傷痛。

1999年修法時，修正了性侵的重點應該是被害人的「自主」被侵害，因此迄今提到「性自主」一詞時，大多著重在包含性騷擾在內的性暴力事件。

但「自主權」除了「不能強求」之外，也有「不能剝奪」的面向。

性權的法理基礎

「性權」——特別是本文專注的「享受性愉悅」的權利——最常被質疑的一點是：沒有這些又不會死，很多人還是過得好好的啊！

儘管在人權規範系統中，性權是相對晚近的概念，但一九九五年通過的《國際人口與發展會議行動綱領》（*ICPD Program of Action*）也明定了：

令人滿足的性生活是一項基本人權，也與身心健康息息相關，關乎「生活品質及人際關係之提升」（第7段）

而我國司法院釋字第554號也提到：

性行為自由與個人之人格有不可分離之關係，固得自主決定是否及與何人發生性行為。

「人權」的概念並不僅限於「活下去」就好，而性愉悅也可以是「健康」的判準之一。《身心障礙者權利公約》第25條中就有關於「性健康」保障的規定；二〇一七年底障礙者權利委員會的第5號一般意見書，也提到：

> 向身心障礙者提供一切必要手段，以便他們能夠選擇並掌控自己的生活，並實現有關自己生活的決定……包括享有與性有關的權利。（第16（a）段）

接下來，本文列出兩種「就算當事人願意，也還是不能（或很難）進行性行為」的情形，檢視這些限制了「性權」的法律或社會情境是否合理。

想要保護，卻讓他更痛苦——青少年的性慾

《刑法》第227條規定，跟未滿十六歲者進行性交或猥褻行為，就算當事人「同意」，也是犯罪行為。一九九九年加入了《刑法》第227之1條與第229之1條，

若是未滿十八歲的人與未滿十六歲的人進行「合意」性行為，則為告訴乃論，且可以減輕或免除其刑，世稱「兩小無猜」條款。但就算是「免刑」，也仍必須先經過刑事訴訟程序的煎熬，然後由法官做出「有罪，但不用處罰」的判決。

在兩小無猜的案件中，因為是合意性行為，通常「被害人」並不想提告，而是當事人的父母提出告訴。也就是說，違反被害人意願的，是父母而不是被告，但法律卻讓父母有權決定要不要讓被告受罰。在雙方都未滿十六歲的情形，更是容易演變成家長互告、互相羞辱對方的孩子。面對這樣的困境，近年來有越來越多人提出「兩小無猜完全除罪」或是「降低年齡門檻」的意見，但二〇一七年的司改國是會議中，這些討論在總結會議中消失了。①

雖然許多人都認同「不應處罰」，背後的原因卻很分歧。一派認為未達合適年齡就是「不應該」做愛，只是應該要「輔導」而不是法律處罰；另一派則認為如果未涉及強暴、脅迫、恐嚇等「強制性交」的狀況，那就是青少年們自己的事，法律無權過問。

但本文要指出的是，過往對此議題的討論，都常把青少年的情慾當成社會「偏離」而非「常態」來看待。

如果認知到「性行為」的意義之一是「滿足性慾」，我們可以用另一個角度來叩問：我們到底期待未滿十六歲者——也就是不能看猥褻圖文、影片，也沒有合法管道取得情趣用品，但性慾高漲的青少年們，要如何解決性慾？

只有肯認青少年的情慾，並且尊重他們的感受，我們才不會一直陷入「想要保護，卻讓他更痛苦」的漩渦。瑞典在法制上即允許檢察官放棄起訴，但其前提是對青少年之間的性探索持正面態度，並落實性教育（包含情感教育），從幼兒園就開始融入所有學科。②

美國的部分州採取「年齡差距條款」，讓年齡差距二到四歲青少年之間的合意性行為除罪化，也可以視為認可青少年性自主的制度設計。

不被看重的存活以外的需求——身心障礙者的性慾

自「手天使」團體③打開知名度後，大眾已漸漸認知到障礙者也有性慾，但卻還常有著「不做愛又不會死」和「你看乙武洋匡④多勵志啊」兩種極端想法。就如同所有無障礙設施一樣，**肢體障礙者難以進行性行為或自慰，表面上是身體方面的限制，實際上是因為設備與制度欠缺，而背後的成因則是人們並不看重障礙者「存活」以外的需求**。

在國外，美國部分州的「性代理人」⑤會服務障礙者；日本有「白手套」（一般社団法人ホワイトハンズ）和ＮＯＩＲ（特定非営利活動法人ノアール）兩個組織，為障礙者提供「打手槍」的收費服務，但僅限男性；丹麥的性交易是合法的，但重點更在於良好的社會福利制度，障礙者的津貼扣除必需的開銷（包含醫療、輔具、個人助理等）後，剩下的錢則可以買東西、度假、看電影，當然也能夠用於買春；瑞典也是社會福利制度很完善，雖然「罰嫖不罰娼」制度讓障礙者不能找性工作者，但瑞典對「性」的態度是正向的，因此發展了不少「性輔具」，照顧者也較願意協助障礙者準備或清潔自慰用品。⑥

在台灣，就算性專區制落實了，無法出門的障礙者也仍沒機會進行消費，換言之，性專區制度其實排除了障礙者的近用權。而現行連專區都沒有的狀況下，「打手槍」的服務也由於符合「性交易」的定義（有對價之猥褻行為）⑦而不可行。丹麥或瑞典的方向或許可以參考，但重點仍然在社會福利與性教育的支持，以及把障礙者當成「也會有自己的人生目標」的公民看待。

另一個更深層的困境是，主流社會並沒有學會欣賞障礙者的身體。就連那些因為缺乏性資源而尋找性工作者的故事，也都有「健全主義」的問題：

觀眾似乎只關注這些性工作者竟然能忍受與身心障礙者發生性行為，而意識不到他們只是在做自己的工作罷了。

我們的情慾是透過刻意策劃、在無法生育的痛苦情況下，才獲得認可。到頭來，沒人真心視身心障礙者為渴求的對象。⑧

精神障礙與智能障礙則面對著與肢體障礙者不太一樣的困境。儘管他們的身體未必有殘缺，但有時被當成沒有性慾的天使，有時卻又被當成可能侵犯別人的危險分子。兩種看似矛盾的評價，都源於社會不認為他們是「健全」的人⑨，所以用「限制」的方式來保護他們或別人。

《刑法》第２２５條第一項規定：

> 對於男女利用其精神、身體障礙、心智缺陷或其他相類之情形，不能或不知抗拒而為性交者，處三年以上十年以下有期徒刑。

此條文的立意良好，旨在處理某些難以被證明「違反其意願」的性侵。然而心智障礙者在此條文中的困境則與青少年有些相似：人們不認為他們的「同意」是有效的，因此就要不分青紅皂白地處罰跟他們發生性行為的人。

如何看待「性」與「人」

面對難以發現也難以舉證的性暴力，我們要如何設計制度，才不致於再次否定青少年與身心障礙者的主體呢？問題不只在於我們如何看待「性」，而在於我們如何看待不同的「人」：**每個人的狀況不同，我們「一視同仁」的規定是否忽視了不同族群的性權**，這是值得我們反省的事。

①蘋果日報，〈司改兒少議題蒸發，委員怒批「詐騙集團」拒出席總結會議〉。
②蘇芊玲，〈兩小無猜的跨國比較〉。
③國內支持障礙者性權的倡議團體，並無償提供障礙者（無論性別與性向）自慰與親密互動的服務。
④日本一名「先天性四肢切斷症」患者，也是書籍《五體不滿足》的作者，二〇一六年因多起婚外情而被揶揄「下體大滿足」。
⑤性治療（Sex Therapy）制度中的一員，與性治療師一起引導求診者解決親密關係中的問題。跟性治療師不同，可能會跟求診者有性接觸。
⑥手天使，〈一位來台灣騎腳踏車的外國人，所帶來的障礙衝擊〉。
⑦「性交易」的定義列於舊《兒童及少年性交易防制條例》第2條，是「有對價之性交或猥褻行為」。
⑧手天使，〈為什麼性不是解決健全主義的方法？〉。
⑨陳伯偉、周月清、陳俊賢、張恆豪，〈智能障礙、性／別歧視以及隔離式機構共謀下的集體性侵〉。

肆

社福不是慈善，法律沒有局外人！

社會福利

王鼎棫

「貧窮一定是因為他不努力工作，又不是我造成的，
為什麼我要繳比較高的稅來為貧困者提供救助？」

社會福利在台灣民眾心中，一直停留在召喚愛心的層次，
卻忽略了這樣的制度是為了消除社會許多不平等的現象。

其實，國家有義務滿足人民的基本生活，
讓每個人都能過得像「人」。

當社會福利走入近代國家：拯救資本市場

法白晚報　PLAIN LAW NEWS

2018年8月，《聯合報》一則報導提到：面對少子化，政府提出準公共化托育方案，保母若與政府簽約加入準公共化服務，桃園將提供加碼補助，但眾多保母認為新制問題仍多，說明會最後仍舊不了了之。

「到底國家給我們什麼福利？」某保母在同報導中抱怨。

為何國家要為人民提供服務？現代法制多要求國家制定政策，提供「社會福利」，以減緩資源分配不均所帶來的秩序動盪；像這樣積極提供福利措施的國家，我們就稱之「福利國家」。同時，不少國家的根本大法「憲法」中，也會設定政府有提供相關給付的義務，確保未來施政能注意「分配正義」。

回首歷史經驗，這卻沒有那麼理所當然。就社會福利制度的演變過程來看，其發展趨勢，深受經濟、政治與社會文化的影響；更由於制度的設計與內涵，會隨著國家任務的變遷而有不同，為了能夠釐清國家為何而戰，以下即針對不同時期的國家理念，探討其與「社福」概念間的對應關係。

警察國家下只有統治者的一念慈善

中世紀時期的歐陸地區，曾浸淫相當長期的諸侯封建統治，到十六、十七世紀，貴族勢力逐漸沒落，提供了王權集中的有利因素。同時，社會也開始轉型，從農業社會慢慢過渡到工商社會，對於個人財物安全，還有維護整體交易秩序的要求，都日漸升高，因為人民希望國家對內能剷除割據的諸侯，還有擄掠的強盜，對外也能抵抗前仆後繼的外國侵略，並圖謀貿易通暢。由於當時人們將國家的行政作用通稱為警察，故稱如此努力的政權，為警察國家。

學者霍布斯嘗試「社會契約論」證立國家如此行使權力的正當性：在一個不存在國家的原始狀態下，每一個人都隨時暴露在被他人襲擊的危險之中。為了結束此一自然狀態，國家即透過每人互相締結協議的方式建立；協議內容則希望所有人必須放棄行使武力自衛的權利，改遞交由一個更高層級的組織行使，也就是國家。自此，就只能由國家行使武力，並藉此強制每一個人須和平遵守秩序。

而國家存立的正當性，既主要植基「守護秩序」，自然發展出「國家萬能」的想法，賦予統治者無限的公權力；可是，正因公權力掌握在少數人手中，**福利給付對國家來說，既非來自他律的要求，乃繫諸掌權者的一念慈善之間**。面對頻繁出現的人口過多與糧食不足，由於傳統四散的村落結構依舊穩固，透過地緣政治與宗教組織對貧民進行救助活動，仍是主要的福利供給型態。

總之，各項施政若皆繫諸掌權者的一念之間，也容易產生極權統治，致使國家保障人民福祉的目的完全落空，使人民淪為彰顯君主統治慾的工具。失望之餘，**在十八、十九世紀開始，遂有以法律限制國家權力行使，並保障個人自由等基本權利為目的的夜警國家興起**。

自由法治國家中，慈善是不得已的交換

隨著自由主義思潮逐漸普及興盛，尊重國民的自覺與自我肯定，君權自然不再絕對高高在上，且對王權集中、統治者權力過大開始反思，有別「朕即天下」的認知，人們慢慢發展出「國家與社會」處於二元分離的想像。**國家權力的行使應盡量避免對市民社會產生干預，以免壓抑市民自由，限制自我發展，因此人們開始希望把國家任務限於取締社會有害行為**，比方說讓私人財產不受侵害、舉辦私人所不能經營之公共事業、保護國土不受鄰國侵略等作為。由於性質與夜間的守衛者有些相似，故被稱作「夜警國家」。

誠如亞當．斯密的著名比喻「看不見的手」，當人人都能把自己顧好的時候，社會秩序就能自動順暢運行，也就不需要依賴社會福利了；甚至他更相信如此運作，富人的消費終究會無形促進窮人的福祉，就如同當今流行的「涓滴效應」（想像一下香檳塔，由上而下倒酒的感覺）說法。

在此一時期，國家發展與福利制度的關係依舊不夠顯著，制度之於國家，主要還是關心如何避免權力濫用，像是洛克即就權力分立，發表如下意見：專制權力隱含著權力濫用的危險，必須透過節制國家權力的方式，確保人民自由；因此，**國家權力應分別歸屬於不同國家機構行使，並使其彼此間能互相檢驗與制衡**。

然而工業革命後，無論是生產制度或勞雇關係，都是過往農業社會所無，因此當勞工家庭多半生活在貧窮及惡劣的生活中，政治人物或宗教團體雖已注意，仍未徹底以制度化的角度出發，仍限於人道觀點的慈善救助，進行零星的勞動條件規範。

如同自由放任的大將邊沁所主張：每一個人都是最知道自身利益的。所以在常規的市場理，這樣的利己主義會自然產生一種調和，除非運作過程當機，必須透過立法者，另行設計替代性的誘因結構予以匡正，像是濟貧法、工作條件等管制。

到此可以發現，**福利還是大致出於一種利他情懷，不能作為一種權利來主張**，這可與富人階級的自我維護脫不了關係，因為減緩貧窮的慾望，是害怕大量疏離的窮人階級破壞社會秩序所導致。

此外，就算發放福利，還是會小心注意「個人對自身負責」的最高準則，藉此區別出是否為值得幫助之人，不致使發放條件過於寬鬆，產生依賴文化，創造出一群失去自立自強意識的公民。

然而，過度自由放任既產生前述壞處，**人們開始反省市場並非純粹創造獨立與自由的場所**。相反地，勞工階級多陷於市場的網羅中，多數時候根本無法掌握自身命運的發展；這些共同流離失所的個人，似乎應共同結合，為彼此打算，這也帶來下個階段的興起。

社會法治國家，你我攜手創造應有福利

正如一九三〇年代的經濟大蕭條，就使人們真正明白，窮困並非只與道德低落有關，還有可能來自經濟環境與法制結構的牽動，任何人都有可能受到傷害，所以福利逐漸不再被視為慈善的表現，也不再以嚴格要件或僅得糊口的形式供給。

於是人們再次召喚政府，**希望公權力干涉國民的經濟生活，由國家適時介入調整，甚或承擔保護義務，使人民真正享有自由，福利國家的姿態也逐漸定型**。因為自由的行使，沒有一定物質基礎，便無以為之。

也正因個人意識到，既然難在世道中掌握自身命運，那就把受苦的大家集合起來，透過集體形成之法律規範，分擔照顧風險與成本，塑造一種非源自契約關係，卻更親密的結合。至此，**福利提供已從單純利他的慈善行動，轉為一種賦予資格權的形式，人們得以用法令去分配資源，並藉此取得應有的利益**。

而這種資格的賦予，終極目的則是為了提升自身的處境，因為社會福利鬆綁了人們的苦痛，增進了人們的自主性，就像是限制雇主強迫勞工訂立剝削性質的契約條文，可以讓後者從不當的勞動環境中解放。

二次大戰後，由於世界各國陸續採行民主政體，福利政策也隨著政黨競爭，爭取勞工選票支持的情況下，逐漸擴展並穩固。然而社會政策的開展，往往由不同意識形態支配，究竟需要何種規範，促成國家調控，以維持或創造實現自由權利的基礎條件，我們會在下個章節來探討。

社福背後的意識形態：決定照顧的形狀

法白晚報　PLAIN LAW NEW

台灣的高齡化也不是一天兩天的事了。

1991年，當時的行政院長郝柏村說：子女應負起孝養父母的責任，不能把問題丟給政府，仍應維持三代同堂的制度，珍惜並發揮我們固有的家庭倫理的美德，來達到社會福利的目標。

轉至2009年，時任行政院長的劉兆玄則強調：施政重點除振興經濟外，也把「擴大照顧弱勢」當作重要的施政策略。

換句話講，對劉內閣而言，長期照護制度也應納入當前經濟危機的視野中。

為什麼面對同樣的老人照顧議題，政府的態度卻大不同呢？實則，我們可以觀察背後的意識形態，以直視各種爭論的本質。意識形態的定義，大致是指某群體對社會議題所抱持的某種觀點，而不同意識形態既承載著對世界的不同看法，自然也反映了社福政策的發展。

這樣也不難理解，為何在每次重大選舉變天後，政府施政也跟著產生變化。因為隨著讓新政府上台的民意有所更迭，推動社福政策的思維也有所不同，最後也決定了是否由市場、非正式部門或志願組織提供照顧服務。而常見的社福意識形態主要有三：**自由放任**、**積極自由**及**社會主義**，以下即從「人性觀」及「是否應該獲得幫助」的角度進行觀察與區分。

自由放任：我最清楚自己要什麼，國家少來管！

這裡的人性觀，就是傳統「自由放任」的復辟。一九七三年的石油危機爆發，經濟成長率大降，大家開始尋找背後元凶，本派就認為是福利國家所導致——因為福利國家成長伴隨著稅率高升，也拉低了家庭儲蓄與消費以及投資意願。此外，福利國家下工資調整、雇主保費負擔，不免增加商品成本，導致物價上漲。

既然福利國家的運作形成如此危機，自由放任的思潮又重新興盛。這派主張，人生來應對其自我行為負責，因為人類對事情發展的認知極其有限，若恣意安排他人需求，除了不一定會產生適當的效益外，後果也不一定能掌控，因此強制性的規畫常常是一廂情願，必須受到嚴格限制。

在制度設計上，他們將私有財產制視為至高無上。**個人可透過契約與法律，自由且公平地在市場解決供需問題，讓個人透過自利動機的驅使，自行創造出最大貢獻**；當每個人都在追求自身利益的同時，也自動讓每個人都雨露均霑，這樣才是社會福利的最佳保障！

在這樣思考下，政府的社福政策極其有限。**面對貧困問題，他們多半認為是個人不夠努力所導致**，像是因放縱生活，使身體失去健康，抑或知識技能缺乏，所以政府並無義務協助該等人士擺脫現況。因為這樣除咎由自取外，也無法令其培養負責任的態度，更破壞了貧困者既有的各種互助網絡（家庭、社區或志願服務團體）。甚者，他們認為社福政策會損害勞工與企業進取的動力，進而拖垮整體經濟，根本是浪費且沒有效率的事。

所以福利體制，應僅以低收入的勞動階級為不得已的服務對象。而給付除常伴隨財力調查，以不影響既有自由市場運作為最高原則，如此才能留有空間，讓個人及既有的互助網絡自我調整。**不過這樣的方式不僅品質較低落，更易讓受助者被烙印上無用的負面印象。**

積極自由：資本主義不錯但褪色了，讓我們改革吧？

積極自由主義者雖然還是相信資本主義的美好理想，但資本主義的經濟體制在運作多年後，發生就業低落、利益分配不均等結構性缺陷，若未能充分改善，國民消費將傾向停滯，反而有礙資本進一步成長。因此，有必要透過政府作為中介，藉由種種整合措施，發動「**資源重分配**」，讓停滯的大輪再次轉動，再度促進資本累積，維持施政的正當性。

相較消極排除來自國家不當的侵害，「積極自由主義」者希冀賦予發展個人才智，進而積極自我實現的基本資源與機會——與自由放任者部分相同之處在於，雙方皆指出個體的認知能力有限，可是相異之處在於，積極自由信仰者認為透過集體力量的互相協助就能改善。

在社會福利設計上，這派的人比較不會怪罪於個人，會把眼光拉向制度性的成因，像是貧困者的生活背景，無論生理照顧或心理養成的條件，皆不理想，在欠缺外力引導的前提下很難脫離那樣的輪迴，然後默默與社會疏離，最後只剩下蔓延的貧窮。因此，他們**多傾向放寬社會福利的資格**，**以徹底消除經濟成長的障礙**。

為了完整翻轉貧困，除了濟貧，社福政策更會仔細考慮下一代或職業教育，高齡或失能照護等支持性服務，讓具生產力的勞工能在充分學習且無後顧之憂的前提下安心拚經濟。而為吸引大眾支持福利提供，也必須改進服務效率，因此採「**福利多元主義**」，**開放民間參與福利提供——除國家外，更由志願服務、商業和非正式部門共同分工合作，滿足案主大大小小的參與及照顧需求**。

社會主義：資本主義＝累積財富而活，只好放棄它！

整體來說，這派想法也跟前面的資本主義改革派類似，重視人應該享有積極自由，期盼人人都能充分實現自我，而在這樣的社會中，人與人之間自然都能相互平等對待，每個人的需求都可以獲得最完整的照顧。然而最大的差別在於，人的勞動應該建立在自我期許，而非出於累積財富的動機，**故不青睞以堆疊利潤為最高準則的資本主義**。

因此，政府不應再是維護資產階級既有特權的工具，而應專心扮演免於弱者受到強者掠奪的角色，**在執政過程中應逐漸「指導、修正並替代」資本主義的各種不平等運作**。除資源再分配外，也會強制私人企業共同與機關提供公益服務，塑造互助與利他的文化背景——將這樣的社會價值滲入社會行動，導引解決問題的方向，最後嘗試計畫經濟的發展。

在資本主義為鐵桿主流的當代，喚醒如此認知並不容易，不過這派說法強調，貧困不應只被認作是金錢的匱乏，更是權利與自我實現的低落，因此**福利的賦予不只是經濟政策的附庸，而應以「個人需要」為準，普遍向社會大眾提供**，而不以生活資力或工作績效計算，如此不僅避免接受補助者尊嚴更加貶低，也有助社會整合。

由國家能提供集體服務，能避免營利機構對需用福利人的剝削，促進大眾對社會公益大於個人私利的思考，而消除種種結構性歧視，更須仰賴國家調節經濟體系之手段，諸如勞雇法律關係之設定、各種階級之稅收，最終形成一個真正平等發展的社會。

爬梳歷史，可以清楚看見社會福利發展隨著不同意識形態支配而流轉。在歷經多次金融風暴與財政衝擊，輿論往往對社福政策抱持趨於緊縮的態度，希望政府不要再負荷過多的服務，應該改引進民間市場的活力。政府聽見人民的話，轉換國家調控的方式，固然立意甚佳，然這樣的思維發展是好是壞，我們下個章節見。

台灣社福民營化：弊大於利的進行曲

法白晚報　PLAIN LAW NEWS

70年代，福利國家曾面臨了一波困境。

這些困境一部分來自人口結構改變，也來自國際局勢的動盪；而當經濟成長未符期待，國家財政冒出赤字，福利國家的運作危機開始浮上檯面。

在這風潮下，英國保守黨的柴契爾夫人在1979年搶回執政權，美國共和黨的雷根也於1980年當選總統，其背後的新自由主義，隨著科技與貿易版圖改變，取得世界級的發聲權，減少提供成本與給付內容，就成為近代主要的社福議題。

回顧國內，早在二〇〇二年就曾有報導：內政部社會司重視老人福利，鼓勵非營利團體及民間企業投入照顧服務產業，全面開發照顧服務就業人力，推廣使用者付費觀念，逐步發展照顧體系，提供老人更周密的照顧。

《老人福利法》第8條，就如何「引進民間力量，以服務或照顧老人」一事，早有明文如後：「主管機關及各目的事業主管機關應各本其職掌，對老人提供服務及照顧（第1項）……前項對老人提供之服務及照顧，得結合民間資源，以補助、委託或其他方式為之；其補助、委託對象、項目、基準及其他應遵行事項之辦法，由主管機關及各目的事業主管機關定之（第3項）。」

正面來看，社福民營化不外乎「效率、競爭、願景、普遍、財政」等考量，**透過相關制度為社福運作引進民間力量，除希望節省政府組織的人力支出外，更想將非營利組織與人民間的互動徹底納入管理**，令其一舉一動皆能在國家的遊戲規則下進行，使專業社工人員獲得監督，也能提供有效率且多元的各式照顧，固為美事一樁。

然而在官方動人的文字背後，須知政府有時並非出自重視社福的態度，美其名「政府資源有限，民間力量無窮」，進而「鼓勵民間參與」，實則欲避免在社福服務上投注更多資源，只好用許多口號或不堪的條件，將社福服務外包給非營利團體及民間企業，因而實際產生弊大於利的局面。

「獨佔、品質下降及趨於僵化」的服務

雖然許多學者認為民營化可減少政府人力配置，並提供成本較低、效率較高的服務，不過到頭來是否能促進「自由競爭市場」仍有疑義。台灣部分縣市中，非營利團體少而弱，**在合格供應者有限的前提下，若強行推動民營化，將促成「高度資源集中化」，使部分團體形成獨占**。

至於所謂的「效率提升」，難保不會因成本降低導致服務品質下降，且私立社福機構還可能未因競爭而降價，**更因接受政府委託，使工作複雜化，政府反而需花費更多時間與人力從事監督與評鑑**。隨之而來，民間社福團體仰賴政府補助或購買服務契

約的經費比例就越來越高；然而，政府的預算，往往隨著政局帶有不確定性與低額度性，**深度的財務依賴狀況，將造成民間社福團體經營上不可預測的風險**。

而**民間單位為獲得經費來源，不得已須配合政府的種種要求，使民間組織被迫犧牲創建以來的自主色彩**。除非民間社福團體能積極與其他機構舉辦策略聯盟，尋求提升組織管理之道，並透過政治遊說提高政府補助金額或廣闢其他財源，否則既有財務依賴將不利組織生存與發展。而政府在移轉照顧責任時，往往將「何者得以何種方式享受服務」之決定標準，併同交予非營利組織，於是有需要之人是否能得到資源？機構是否會選擇案主？複雜的社福資訊，是否讓民眾不易理解進而錯過服務？都產生不少爭議。

面臨勞動權益惡化的照顧者

台灣的民營化，往往可見國家將任務釋放到民間後，沒有落實監督民營者的責任；而社福民營化的發展，正導致社福勞動權益低落。隨勞動環境低落，也加速勞動人力的逃竄，讓一群人再也不願意照顧另一群人。若不從頭將因果關係切斷，如此惡性循環是不會停止的。

一開始，當政府把福利服務外包給民間機構時，常以高標準的績效要求成果，但是給予的經費卻與目標不成正比，或款項拖到定期審查後才撥放，使部分小型機構除了苦思績效，也不時須先籌款代墊甚或根本無法周轉。如此一來，**無形中拉低了小型在地組織提供社區服務的可能性，而有利那些以宗教團體資金為基礎的大型組織，拉開社福組織彼此間的貧富差距**。

困苦的經營環境，也讓絕大多數非營利組織為規避人事成本的負擔，只好長期迫使勞工以加班時數換補休，或心一橫使用責任制，才會不時傳出為規避勞檢，強迫員工到點先打卡下班然後回頭加班的都市傳說。

為何照顧者能長期忍受這樣的工作現場，是因為他們**容易陷入「情緒勞動」的境地**。工作過程中，照顧者為達成照護目標，往往不自覺與受照顧者間建立高度的情感連結，非常清楚受照顧者的迫切需求，所以就算犧牲自己的勞動權益與生活品質，也想貫徹照顧責任。非營利組織的主管看準了這點，往往利用這樣的利他動機，選擇性忽視照顧者的燃燒，藉以緩和組織運作的苦撐。

期待台灣社福民營化的新篇章

考量民營化仍是未來社福輸送不可或缺的選項之一，社福民營化的以上缺點極需改善。因為政府基於多數決機制，無法滿足每位被照顧者的個別需求，私部門的營利企業亦難期待在無利可圖下，填補政府空缺，因此尚須非營利部門，發揮自身特色，共同協力補充彼此的不足。

具體來說，福利國家資源過度集中，運作組織過度科層且權威，無法即時反應人民需求，且政府施政目標在於贏取多數選民的支持，延續執政，無法顧及少數意見；企業所追求者，則在利潤及市占率的最大化，對於特定族群無心照護；而非營利組織則得鎖定特定案主的利益。公私部門既有不同特色，若能藉由政府的財力物力，結合民間有能力、有意願之團體，運用專業人員提升服務品質，被照顧者不同的需求才能獲得圓滿。

雖然如此，依據《憲法》的基本設計，社會福利的維護終究屬於政府的義務，司法院釋字第485號即揭其旨：

> 憲法係以促進民生福祉為一項基本原則，
> 此觀憲法前言、第1條、基本國策章及憲法增修條文第10條之規定自明。
> 本此原則國家應提供各種給付，
> 以保障人民得維持合乎人性尊嚴之基本生活需求，
> 扶助並照顧經濟上弱勢之人民，推行社會安全等民生福利措施。

而國家既負起「保障給付」的任務，縱由民間分擔，也應透過引導、管制及監督等各式措施，確保人民生存所需的相關物質與服務得以穩定輸出，如同由國家自身提供一般，具體方式如下：（一）擔保給付不會中斷；（二）擔保競爭的維持與促進；

（三）擔保合理價格與服務品質；（四）應擔保照護人力的安置。

總的來說，政府的監督標準與管制是否能夠落實，進而維繫照顧品質，將是福利多元主義能否充分發展的關鍵，亦將嚴重影響服務利用人的選擇及自立，若未妥善安排，社福民營化終將成為「政府推卸照顧責任之糖衣」。

經濟安全面面觀：

過度閹割的社會救助，讓人看得到吃不到

法白晚報　PLAIN LAW NEWS

蔡英文政府上台沒多久，當時的行政院長林全就在2016年8月20日的粉專發文表示：

「一個現代化的國家或社會 ，每個人都是珍貴的，而每一位國民都是政府的寶貝，政府在施政時都應該要做好妥善的考量，讓人民獲得最好的照顧。」

前頁官員看似高不可攀的言談，其實句句都是《憲法》生存權規定及《世界人權宣言》等國際規範早就言明的要求。長期關心社福議題的「台灣貧困者扶助協會」也對此表示由衷期待，並趁機對社會救助申請的種種窠臼提出修法倡議。

簡單來說，社會安全網正是以《社會救助法》等建制為基礎，提供各式人力或物質協助，使貧困者脫離危機。政府若能依法確實為貧困者建構完整的社會安全網，提供生活租屋補助，結合就業輔導、生活諮商、法律扶助等支柱，則百萬貧困人口將有機會免於街頭流離失所或落入犯罪者的循環，整個社會群體也能互利共生！

社會連帶，串起你和我

也許有人會說，少數人民挨餓受凍又不是我造成的，為何由我繳較高的稅，來為貧困者提供救助？這邊要談的，就是**奠定所有社會福利成立的基礎——那看不見卻真實存在的「社會連帶」**。

社會上常見許多由特定共同資格（如血緣、地緣或職業）所組成的宗親會、同鄉會或工會，由於共同條件所帶來的凝聚力，使成員在彼此有困難之際互相扶持，個人在其中也必須學習與他人互相依存，才能規避各種可能的生活風險。所以**「扶持」不僅出自「利益他人」的動機，深層來說更是期待他人：**將來有天自己面臨危難，大家也能伸出援手救濟——就像「捐血」的意義，一滴都不會拿來自用，而是捐給其他有需要的人；而他人也正是在相同盼望下，挽袖捐血，在未來捐給有需要的你。

因此在資源有限的前提下，若僅一味強調給付平等，人際間將產生相互競爭或強烈剝奪的心態；反之，若能催化眾人間彼此連帶的凝聚感，心態也較容易平衡——因為大家會認知到，將來某一天我也能透過制度，從他人那裡分享生活所需。

讓人不禁卻步的救助申請

明白了社會救助，需你我連帶促成的道理後，有個發放關卡極待處理，如《社會救助法》第4條規定，當申請人家庭總收入除以家庭人口，得出每人每月平均收入高於最低生活費時，就不能領取社會救助。問題是：同法第5條，在劃列誰可以認作家庭成員，還有收入計算的規定，似乎與社會現實脫節，讓有需要的申請人往往無法取得幫助，社會單位也苦於依法行政，難以有效伸出援手。

❶ 家庭成員的劃定不符生活現況？

許多人會用組成家庭的方式經營生活——有關生計維持，是由多人組成共同單位，或在外賺取所得，或在內承擔庶務，互相滿足彼此需求。所以**在資力審查上，應該以「生計共同體」為準**（同睡一屋簷下，同吃一鍋飯），**而非「形式戶籍」為計算單位**。故當國家確認生計共同體，已陷入供需失衡而無法自給自足之際，就應盡速提供支援，使其重新回到能自我滿足的狀況。

因此《社會救助法》中不通情理之處在於，舉例來說：只要未離婚，一律將配偶劃歸同一家庭成員；可是那些受到家暴或遺棄的成員，顯然無法期待從加害方取得完整照顧。此外，現代社會中，常見因求學、就業等原因產生「籍在人不在」的情形，而那些傷害我們或遠水救不了近火的人們，都有可能算進了家庭人口，增添申請救助的難度。

❷ 收入的擬算忽略市場運作？

所謂擬算，是指當申請人收入莫名過低、未能證明收入或未能就業，就要接受「工作收入的擬算」（用一定標準假裝你擁有這麼多的收入）。此立法目的在促使申請人能認真投入工作，所以擬算工作收入之前提在於：只要有心，人人都可找到薪資不錯的工作；可是這種措施根本漠視現況是「**工作薪資過低**」還有「**工作機會的排擠**」。

首先，就薪資品質而言，根據研究，**多數低收入戶是因不可歸責自身的因素落入貧窮，且有工作能力的貧困者多有意願工作，卻僅因工作薪資不佳，導致拚了命也無法自力更生——俗稱「工作貧窮」**。

受到全球化及企業競爭的影響，台灣勞動市場逐漸向雇主傾斜，比較「便宜好用」

的非典型就業者（如部分工時、臨時性工作、派遣工作等）的人數上升，而該等工作者往往受到較高程度的剝削（低薪並欠缺勞動保障），讓他們無法累積足夠資產應付生活所需。

其次，**在擬算收入的時候，根本忽略身心障礙者在台灣產業結構變遷中的弱勢**。回首從前，除國際能源危機影響之外，以製造業為主且技術層次不高的台灣社會，並未出現結構性失業問題。後來受到全球化及經濟不景氣之影響，製造業廠商大舉出走，導致台灣現有空缺之工作職位緊縮，失業率大增，使一般人或更廉價的外籍勞工排擠原先身心障礙者所能從事的工作。又配合產業轉型，使勞力密集產業轉為科技密集產業，高技術與低技術工作者之差距擴大，就業門檻一下拉高許多，這對原本教育之路受阻的身心障礙者，更是雪上加霜。

更別說身心障礙者由於先天不便，工作場合中常需設置各種無障礙措施加以配合，可對一分錢一分計較的台灣雇主來說，此番工程需投下許多成本，似乎又不具任何期待可能性，也加深了身心障礙者的就業困難，進一步逼迫其面臨救助的風險。

丟掉救助意識形態的包袱

既然家庭成員的劃定、虛擬收入的計算這麼糟糕，為何乏人改善？除了沒有選票外，規定背後意識形態的作祟更是那不可言說的影武者。也就是說，**過往政府是站在藉由給付的提供，讓受助者能夠遵從社會規範，達成「社會控制」**。

以過往發展為例，社會救助制度除承擔救助任務外，更會施予品行控管，帶有強烈的道德控制色彩（諸如工作態度、孝道文化與家庭責任、善良風俗等），並附有消除社會不安等作用。在已廢止的舊《社會救助法》中，就規定曾經從事不良行業的婦女或無正當職業的遊民，應施予智識及技能訓練，展現執政者將部分人民視為社會危害潛在因素的態度。

正因我國政府在意識形態上，多將貧窮歸咎於個人不努力，忽略社會結構等重要因素，讓受救助者僅是國家大發慈悲，甚或想要改造的救濟對象，所以這些措施設計都讓貧困者難以脫離苦痛的循環。此般措施，無疑徹底忽略《憲法》或國際規範對於人民生存的保障，更替低收入戶蓋上「逃避自力更生」的烙印，嚴重傷害其自尊。

若立法者能再多看一眼釋字第485號，也許今日的社會救助會有另番風景：

> 鑑於國家資源有限，有關社會政策之立法，
> 必須考量國家之經濟及財政狀況，依資源有效利用之原則，
> 注意與一般國民間之平等關係，就福利資源為妥善之分配，
> 並應斟酌受益人之財力、收入、家計負擔及須照顧之必要性妥為規定，
> 不得僅以受益人之特定職位或身分作為區別對待之唯一依據；
> 關於給付方式及額度之規定，
> 亦應力求與受益人之基本生活需求相當。

簡單來說，前述內容不僅強調對於社福資源應有效利用，更闡明國家有義務滿足「人民之基本生活」。而滿足人民經濟安全，除了社會救助，近來是否還有別的想像與討論，就讓我們繼續看下去。

經濟安全面面觀：
無條件基本收入，大AI時代的維生救贖

法 白 晚 報　　PLAIN LAW NEWS

2018年6月《自由時報》一篇報導指出：

「鴻海日前舉行股東會，董事長郭台銘喊出5年內用機器人取代80%生產人力。」

報導中隱含的是不可逆的自動化及人工智慧發展所產生的技術性失業。

這樣由少數資本家所掌控的產業成長，不只沒創造就業，更會讓失業問題加速貧富不均。

大AI時代，我們尋常人還剩下什麼出路呢？

如果這時政府願意無條件定期發放現金給每個居民，不論有無工作、有無恆產，大家說好不好呢？這個討論並非癡人說夢，正是「無條件基本收入」（universal basic income，UBI）的目標。

前台權會會長黃文雄曾建議由研究UBI多年的比利時教授范巴赫斯（Philippe Van Parijs）主講第六屆雷震紀念講座，帶動台灣對UBI的討論。他指出，經濟合作暨發展組織（OECD）、聯合國的赤貧及人權問題特別報告員與世界經濟論壇都將UBI列為討論議題。

全球化的今日，各國為競逐移動資本犧牲勞動保障與社會福利，經濟安全只會更惡化，讓人們付出再多力氣仍在工作貧窮裡循環，甚至一蹶不振。有人主張，可靠擴大需求，解決失業、收入不穩定的問題，但為了環境永續，無止境的資源消耗已不再是唯一選項。對此，比起社會救助，UBI也許能提供更好的維生救贖，讓人們找回積極自由，不再只為營利而工作，更可透過基本生活保障自由選擇兼職或休息，在解放的心情中好好思考擘畫人生。

無條件真的是什麼資格都不管？

一般來說，這樣無資格限定的給付即希望透過政府定期對境內的個人（若不是公民，通常也須是取得居留權的移民），提供一筆數額能夠滿足基本生活（如足夠的飲食與合宜的棲身之所）的金錢。這並不是新潮時髦的曇花一現，早在一七四八年，法國的孟德斯鳩就在其經典《論法的精神》提到：「政府須對所有公民負起保障其生存、食物與合身衣物的責任，確保其生活方式不會危及他們的健康。」

眼光拉到現代，一九六七年時馬丁路德．金恩博士也寫下：「解決貧窮的方法，就是採用目前廣泛受到討論的對策：直接以保證收入來消滅貧窮……我們須為無法找到傳統工作的人創造一些足以提升社會福祉的新型態工作……廣泛的經濟安全感勢必將帶來正面的心理變化……當個人有能力掌控自身生活有關的決策、當他確信自身收入將是穩定且確定的，且當他知道擁有尋求自我改善的財力時，就能擁有光芒耀眼的個人尊嚴。」

二〇〇八年全球金融風暴後，許多經濟評論家紛紛站出來支持UBI，因為資本市場運作衍生的副作用（技術性失業與資源分配不均）只有惡化沒有緩解，讓市場持續往不穩定且無法永續經營的方向邁進，因而這樣的呼聲逐漸響亮了起來。

相較傳統的社會救助須考量領取人生活狀況如何，不少研究指出：財力調查讓部分需求者，基於自尊所生的恥辱或不明究理的卻步，終究未能申請社會救助。

反觀**UBI不進行財力調查，也不設定支出條件，更不會附加其他的行為條件（像是從事特定職務作為領取資格），如此一來既能有效改善貧窮，也不會造成汙名化**。

反對「無條件」基本收入的人，多半以未設置「**排富條款**」作為訴求。然這可從兩個角度反駁：第一，財力調查本身耗時耗力，與其耗費那些成本，不如直接發放；第二，實踐經驗上，對資力較優之人發放基本收入再課其較重的稅，比較不易遭致反對，排富條款等同排斥富人培養社會連帶的思考（按：前面社會救助文有詳細說明）。

基本收入不是為了圖利懶惰的人

《世界人權宣言》第25條的內容指出：人人有權享受為維持他本人和家屬的健康和福利所需的生活水準，包括食物、衣著、住房、醫療和必要的社會服務；在遭到失業、疾病、身心障礙、守寡、衰老或在其他不能控制的情況下喪失謀生能力時，有權享受保障。

這老牌宣言說出一個重點——**人類非常在乎生存的安全感，而UBI正是滿足這樣需求的好方法**。當人們長期缺乏這樣平穩的感受，周轉於三餐張羅之際，所謂貧窮家庭百事哀——成員心力空轉，夢想或自尊先別提，還有隨之而來的焦慮與行為失序。尤其資本主義將本逐利，為追求經濟年年成長，透過技術的不斷提升，自動化機器的日新月異，終究引爆了全球性的技術性失業。在這樣的漩渦裡，資本家將會不停想盡辦法把更多的勞動機會，交給無病無痛、不用休息、不會抗議的機器辦理，也讓更多工作機會面臨終結。

透過ＵＢＩ，公平給予所有人必要的資源，讓被現實生活或未來科技逼迫到牆角壓得喘不過氣來的人們，有了重新選擇的機會，可以勇敢放棄過往枯燥或緊繃的生活，轉而投入過往想都不敢想的冒險，從精神枯萎的關係中解放，重拾自尊。

有人說，ＵＢＩ只是讓偷懶的人繼續有藉口混吃等死，甚至會拿去揮霍在成癮性商品上，然而許多研究都指出，針對街友定期發放生活補助，其花費於菸酒、毒品的機率反而降低，因為此群體跟你我一樣，都想確實掌控人生的機會——若有安穩的飲食、衣物及住居，誰想被迫重回街頭餐風露宿？

事實上，因為目前社會救助大多需經過財力調查，確認低於一定門檻方能領取，然在好不容易通過許多表格與訪問，**為讓自己「一窮二白」繼續保有珍貴的津貼，受領人可能有意無意讓自己維持在那樣的生活水準之下**，形成不得已的道德風險，因此既有的社會福利才是貧窮陷阱。

一種取於社會用於社會的分享

更進一步來說，ＵＢＩ是一種社會紅利。**既然人們依靠彼此共同的努力或共同擁有的資源，才能產生報酬累積一定財富，就其分享紅利乃屬當然**。當你我透過工作或繳交稅金，轉化為產品、產能、公共建設或政府補助，讓許多人包含資本家改善生活、創造財富，卻有部分群體因無法掌控的經濟風險陷入貧窮，其他群體何以繼續獨享繁榮？此時透過無條件基本收入，讓前者雨露均霑共同創造的財富，改善層層剝削，保障每個人都冀望的安穩生活，強化共同體的感受有助凝聚社會。

作為台灣最早研究ＵＢＩ的學者之一，中正大學謝世民教授曾表示：ＵＢＩ的確能給人們自由……現行的社會、經濟體制，向來只獎勵能獲利、能賺錢的，包括金融體系、企業的給薪邏輯都是「只會給做了會賺錢的」。可是**這世上有很多不賺錢，卻有價值有意義的事，所以如果ＵＢＩ能夠釋放多元的能量，創造出金錢以外的價值，「對社會會是很棒的事情」**。

人人都想住在一個更好的未來世界，但勇氣往往被苦難摧毀殆盡，想像力與熱情也被歲月磨平。如美國制憲先賢湯瑪斯·傑佛遜所言：「一個人的舉止和心智是共和國的活力泉源。任何類似的墮落皆屬弊病，會很快吞噬掉法律與憲政的核心。」如果我們想要改變環境，即不應放棄任何一個可能的想法——無條件基本收入，正是萌芽於此。

飄零的居住正義：
從大觀社區看適足居住權

這篇文的寫作，來自某天滑開新聞的早上，當時映入眼簾的是焦點事件報導：

法白晚報　　PLAIN LAW NEWS

大觀自救會突襲退輔會，要求暫緩一切強拆重啟協商，行動持續一個多小時首長皆未出面。

退輔會斥責自救會影響辦公，要求警方清場⋯⋯場面相當火爆。

退輔會聲稱將以強制罪、妨害公務罪、侵入住居罪、毀損罪等罪名提告自救會成員和聲援者。

（2017年4月26日）

不熟悉大觀社區的人，可能會覺得這是單純的法律問題，不就是國有地上有群沒有產權的人，政府認為時候到了，就命他拆屋還地嗎？可是問題在於，這群居民是早年隨國民政府來台的軍眷，或是隨著台灣經濟發展移入城市的城鄉移民，因為沒有適合的歸宿，當年國家也欠缺完整的住居政策，因此選擇在產權不明的大觀社區落腳。再者，**讓人民享有適足的居住環境，更是國家的基本義務；所以當國家主張所有權，運用公權力迫遷的同時，也必須顧及居民是否能被妥善安置**。只可惜，機關的態度是否定的，這就是大觀抗爭的起源。

大觀社區事件是怎麼發生的呢？

大觀社區的歷史要追溯到一九五〇年代。當時蔣宋美齡成立「中華民國婦女聯合會」（簡稱「婦聯會」），該會宗旨希望「團結全國婦女以照顧軍眷，使前線將士無後顧之憂，專心抗敵」，所以戰後婦聯會最重要的工作之一，就是針對進口貨物課徵「勞軍捐」，藉此在全台各地建造眷村。一九五七年到一九九二年婦聯會在全台建造了一百七十六個眷村，共五萬多戶，約佔全台眷村的五分之一。

一九五七年，婦聯會在板橋浮洲建造了當時台北最大的示範眷村「婦聯一村」，為了讓眷村居民有方便購買生活物資的地方，婦聯會以共同投資的方式對外招商：任何人只要繳交兩千五百元的投資費用及每月六十元租金，都可以在這裡做生意與居住。福利中心的設置，吸引了許多戰後隻身來台而沒有被分配到眷舍的退伍軍人投入。

不過婦聯一村榮景不長，一九六三年九月強颱葛樂禮襲台，浮洲的婦聯一村、二村被水患摧毀，婦聯會只好將住戶撤遷到其他眷村，僅僅六年這個號稱全台北最現代化的眷村就消失了。婦聯會雖把眷村遷走，卻未遷走福利中心的居民，**沒有別處可去的福利中心居民們，雖然沒有取得產權，卻也在政府默許大於一切的思潮下，開始原地重建、修補家園，繼續做生意。**

一九七〇年代，板橋的工業開始快速發展，吸引來自全台各地的移民到板橋工作，而這個因福利中心所形成的聚落，也開始有其他城鄉移民搬入，不同背景的居民匯聚共同生活，一起見證了浮洲都市化的過程。

縱使命令搬遷，也應予以安置

現在，讓我們翻開規定，了解一下國家應予安置的義務是怎麼來的。

首先，《公民與政治權利國際公約及經濟社會文化權利國際公約施行法》（下稱本法）第2條規定：「兩公約所揭示保障人權之規定，具有國內法律之效力。」本法第4條規定：「各級政府機關行使其職權，應符合兩公約有關人權保障之規定，避免侵害人權，保護人民不受他人侵害，並應積極促進各項人權之實現。」又本法第3條更規定：「適用兩公約規定，應參照其立法意旨及兩公約人權事務委員會之解釋。」

所以我們就來看看經濟社會及文化權委員會（下稱經社文委員會）的說法。其第3號一般性意見第10段指出：針對該公約權利之實踐，締約國皆負有「核心義務」——每個國家都應確實落實公約上的每個權利，且至少能符合「基本生活水準的門檻」。

舉例來說，**締約國內的人民如果所居住的處所遭到剝奪，而讓他們的生活低於基本生活水準的門檻，該國就違反了核心義務**。要注意的是，「適足居住權」與「財產權」

是不同概念，對建物沒有財產權，還是可以主張適足居住權。**官方對公有財產的權利行使，也應顧及居民的居住權。**

聯合國前居住權特別報告員也曾於來台審查我國人權現況時指出：「即使是公有土地上的舊有違建居民，其居住權也應受到保障。」此外，經社文委員會也指出，公約也要求：締約國若終究因缺乏資源，而未能履行核心義務，須詳盡說明已盡力利用所有可得資源而未果。**既然我國已表示願意遵守經社文公約保障人民「最低限度的基本生活水準」，就不能在什麼努力都沒做的前提下，即隨口以資源不足、尚未立法等理由作為藉口搪塞。**

反觀退輔會在要求拆屋還地的同時，是否有依照「適足居住權」的精神，提供符合基本生活水準之安置，以滿足最低限度之核心義務？答案恐為否定。事實上，一九九三年居民曾希望申購腳下的土地。一九九五年，退輔會於召開「私人使用國有公用土地協調會」後，在會議紀錄中寫道，由於居民所居住的土地是附近榮民之家未使用的範圍，所以居民只要可以提出一九七〇年以前的水電、居住證明，依規定申購土地是沒有問題的。

然而當居民提交了文件，卻因相關官員更換頻繁，而未繼續辦理居民的申購請求，這一拖又數年過去。而退輔會既提不出拆除的急迫性，卻看見它急忙透過民事訴訟索討土地，未能於決定拆遷前與居民對等協商出合理的搬遷計畫，提供得以安置的住房。所以**大觀社區自救會主張，倒不如協商出適當的價錢，讓所有人都能繼續保有家園，這也是這次抗爭的主軸：原地續住**。

未來迫遷何去何從

自救會成員鄭仲皓曾批評，退輔會表面上承諾「不會強拆大觀社區」，另一方面則是私下發包工程，並持續假借意願調查，誘使居民點交，大玩兩面手法，而現在雙方尚未達成協議，居民也還有協商意願，退輔會應暫停拆除作業，貫徹與居民間的協商程序。只要退輔會執意強拆，自救會就會持續抗爭，不會善罷甘休。

寫完本文後，我曾去大觀社區現場探班，時至下午五點多，本來差不多就要低調地先行告退，鄰長戚本忠先生隨即請大家留步；外面下著細雨，大哥穿著雨衣看著我們，奮力從機車前座置物處，扛起一大袋便當放在桌上——原來是鄰長的母親，囑咐他去買晚餐請大家吃，慰勞大家的關心。當下真是羞愧又感動，還沒幫到什麼就受了人家的照顧。

到了二〇一八年，對應總統蔡英文在國家住宅及都市更新中心開幕典禮當中稱：「居住正義不是口號，而是現在進行式。」也與內政部長徐國勇參加苗栗大埔張藥房動土重建儀式，將其視為居住正義的里程碑。**當「居住正義」成為政治人物拚選舉的消費籌碼時，大觀的迫遷爭議卻得不到真切的關注，飄零在官方嗆聲的謾罵口水中，**更別提陳情之際，警方屢屢強行將抗議居民拘禁長達數小時，顯有執法過度的疑慮。

面對類似的迫遷事件，除到場聲援或提供訴訟意見外，非居民的我們就是保持關心，讓政治人物們能投鼠忌器，害怕失去預期選票，進而願意伸出援手；但面臨節節進逼的拆除時，如此緊迫還是讓人非常擔心——套句全聯老總徐重仁的爭議名言：

「年輕人好好做，老闆會看到。」那麼，「人若只想好好過生活，老天是否會看見呢？」探班當晚步出社區，拍下這張照片時，我是這麼想的。

參考資料

① 歷史脈絡整理自記者林靖豪於「焦點事件」的報導：〈枋橋西／何地棲，大觀路社區的故事：聚合〉（二〇一六年十月十二日）

伍

業力引爆！十萬青年十萬肝

勞動權益

龍建宇　劉時宇　楊貴智

國道收費員案、華航罷工案、蝶戀花遊覽車事件……

從這些備受矚目的案件中，我們可以發現：
儘管政府宣稱基本工資上漲、正視勞工權益，
但是工時過長、勞資不對等、打壓工會等事實仍層出不窮。

了解現況下的勞動條件，以及勞資糾紛如何發生等，
才能不當失語症上班族，打倒慣老闆！

勞工都不勞動了?!

談勞工定義的危機

法白晚報　PLAIN LAW NEWS

2018年1月，美麗華高爾夫球場的桿娣們發動罷工，控訴雇主長期不為勞工加保勞健保，近年福利又不斷被刪減，為什麼可以這樣？

原因在於雇主不願承認自己與桿娣的雇傭關係，換句話說，不願意承認杆娣是「勞工」。

二〇一八年七月十八日，勞動部出來宣布，為了帶頭保障勞動條件，將讓院內七千兩百三十八名派遣員工，在兩年內「歸零」。但實情是，公家單位在降低派遣勞工人數的同時，勞動條件更差的「承攬」勞工卻大幅增加。因此，許多團體站出來質疑，公部門帶頭降低派遣的數量，是否意味著要用更多的「承攬」，使得更多在公部門底下工作的人無法獲得保障。

你以為，拿不到職災補償、被加班沒有加班費很慘嗎？不，事實上很多人是連適用《勞基法》雇主都說「不」的。但是，這樣的雇主是合法的嗎？

承攬？雇傭？傻傻分不清楚？

勞動契約跟承攬契約都是購買勞務服務的契約，但兩者性質不同，**承攬契約不受到《勞基法》保護**。承攬契約注重的是工作的完成，換言之，你中間要怎麼完成工作隨便你，只要把工作做好就好！而勞動契約注重的是雇主的指揮監督，換言之，你要在上班時間給我用。因此，**兩者最重要的區別就在於，雇主是否有「指揮監督權限」**。

說到這裡，可以理解，比起承攬契約有相當的自主權限，勞動契約更像是把勞工當作「商品」一樣使用。然而商品壞了可以換，但是人壞了卻無可挽回，因此才需要有《勞基法》規範，保障勞工在勞動契約下不要被使用到「壞掉」（過勞、職災皆是）。

但是在實務上，**有許多雇主為了規避《勞基法》的規定，明明就指揮監督員工，但卻要求員工簽署「承攬契約」或「勞務承攬契約」**，就像 COME BUY 與美麗華高爾夫球場一樣，不想要付出過多的成本，讓勞工超時工作，不保勞健保，忽視勞工的基本權益！

有「從屬性」就算是勞工！

如果你發生職災等勞資爭議，老闆卻丟下一句：「我們簽的是承攬，你沒有權利……」這樣的說法對嗎？

其實，契約上寫了什麼不是重點，**認定的方法是，如果你的工作內容及性質有「從屬性」的話，就能享有《勞基法》保障之權利**。即便契約上寫「承攬」，也是違反法律規定而無效的，雇主不能要求你加班卻不給加班費、應給予法律規定的休假，當然，資遣時也應該要付資遣費。那麼，何謂從屬性呢？在過往的判決中，法院提供了一些標準來判斷契約是不是勞動契約。換句話說，就是在**判斷你到底有沒有「服從」於雇主**，而需要給你各種保障。從屬性可分為：人格從屬性、經濟從屬性和組織從屬性。

人格從屬性強調在提供勞務的過程中，必須遵守雇主的指揮監督，也就是說**你的工作時間、工作方法都無法自己決定時，就具有人格從屬性**。

經濟從屬性是強調員工對雇主在經濟上的依賴，必須依靠雇主提供的工資來維持生活：如果你是**為了幫公司的營業而工作，使用公司器具、按月領取約定薪資，那可能就有經濟從屬性**。

組織從屬性是指你有被納入公司的生產組織，不只受到公司指揮，還是生產團隊的一分子，團隊間必須相互合作並遵守團隊規則。**比如公司採行輪班制，組織內的每個人都必須要排班，就可能有組織從屬性**。不論雇主跟你簽約的名目是什麼，只要你有從屬性，你就是勞工，而且受到《勞基法》保護。

產生爭議的保險業務員案

南山人壽公司有多名保險業務員，向南山人壽公司提起了多起訴訟，起訴請求依《勞基法》規定給付退休金、提繳退休金等。然而，行政法院與民事法院對於前提問題——保險業務員是否為適用《勞基法》之勞工見解不一，因此南山人壽公司聲請大法官統一解釋法律，產生了釋字740案。

釋字第740號多數意見認為：「勞務債務人與勞務債權人間之從屬性程度之高低判斷之，即應視保險業務員得否自由決定勞務給付之方式（包含工作時間），並自行負擔業務風險（例如按所招攬之保險收受之保險費為基礎計算其報酬）以為斷。」也就是前述對於人格從屬性與經濟從屬性之說明。其中，產生問題的地方就在於大法官對於「經濟從屬性」的闡述。大法官似乎認為，如果報酬給付方式並無底薪或是一定業績之要求，而是「案件計酬」的話，就沒有經濟上的從屬性，所以不算勞工了。但是，這樣合理嗎?!

大法官不說還好，越說問題越多

為什麼會有類似的問題產生呢？因為越來越多雇主仰賴勞務提供者的「專業」，而勞務提供者也大多可以自己準備生產工具，因此勞工與雇主的功能和角色，在某種程度上越來越模糊。換言之，在新型服務業興起且仰賴知識經濟的社會下，很多沒有大型資本的人，開始選擇自己當自己的老闆，跟傳統手上握有大型資本的老闆變成合作關係，計算報酬的方式開始變成「按件計酬」。

搜尋法院判決可以發現自**釋字740後，很多法院判決都使用了釋字740號大法官對於經濟從屬性的概念，認為按件計酬的勞務提供者，就不受《勞基法》的規範。**像是採茶、採檳榔多以採多少斤來計算報酬；按摩師以服務客人的多寡來計算報酬；或是快遞公司以投遞的案件數來決定報酬……這些工作都不受《勞基法》的規範。

揪都馬爹！可是，這些工作好像都不符合前述的「雇主仰賴勞務提供者『專業』的工作」、「自己當老闆的人」?!沒錯，事實上，越來越多雇主意識到假設「以案件數」來計算報酬的話，就可以不受到《勞基法》規範，但是，難道所有按件計酬的工作都是自己當老闆的人嗎？按件計酬的工作就不會有職災賠償、工時管制、休假的問題嗎？如果以保險業務員為例，保險公司因掌握保險契約簽訂權而居於強勢，保險公司若想讓自己獲利的風險最小而利益最大的話，便是由保險公司單方強勢主導與保險業務員的計酬規則，即「按件計酬」。

保險業務員之勞務契約如果完全按件計酬，則保險公司對於保險業務員的努力一來不必費神管理，二來也無需給付對價，所有保險業務員因故前功盡棄、徒勞無功的時間、資源投入，也順勢全部移轉給業務員自己負擔。**在形式上放任保險業務員可以自由決定勞務給付之方式，實則雇主不需要適用《勞基法》的規範，「做白工」的風險也由業務員承擔，對於勞務提供者是雙重打擊。**

學會用《勞基法》保障自己的權益

《勞基法》上確實有不少保障勞工的規定，但是雇主規避《勞基法》的手段也越來越多。首先，我們必須要明確知道具備什麼樣的條件會被認定為勞工，才有辦法保障自己的權益。

第一，並不是雇主說簽承攬就是承攬，必須要**實質認定**有沒有固定的上下班時間、有沒有受到雇主的指揮監督等。第二，在現行的實務判決底下，**按件計酬的工作很有可能被認定為不是勞工**。但是如果按件計酬的形式換來的是工作時間、場所的自由，也就是沒有人格從屬性，此時的確比較像是自己當自己的老闆，可以不適用《勞基法》。

不過，如果你是需要排班、在固定場所工作，但雇主想要訂立「按件計酬」的方式給付薪水，勸大家要三思，因為不僅要自己負擔賺不到錢的風險，還可能無法適用《勞基法》，對你來說可是虧大了！

#「就是愛加班？」——工作時間與休息時間的戰爭

法白晚報 PLAIN LAW NEWS

「雇主太過分！」

2018 年 4 月發生大貨車司機疑似因疲勞駕駛撞死 3 人的意外事件，而經過調查後發現，貨車司機不但連續工作 22 天沒休假，其中還有 7 天工作時間超過了 12 小時，加班時數也超過法定限制，連續的疲勞工作，造成了憾事發生。

近幾年時常聽聞貨運、客運司機因為排班問題導致過於勞累，結果不幸在工作中發生意外，也因此社會上不斷有呼籲降低工時的聲音出現，但降低工時之後，卻也常看到報導以「低工時成為年輕人想加班打拚的阻力」為主題，討論低工時阻擋了力求上進的心。

究竟我們該如何在工時與打拚間取得平衡呢？這是個值得深思的議題。

手握在方向盤上才算是工作時間？

其實，《勞基法》本身沒有對「工作時間」下一個明確的定義，但一般都是指「**勞工在雇主的指揮監督之下，在雇主的設施或是指定場所內提供勞務或是受令等待提供勞務的時間**」，也就是說，除了實際工作的時間外，整理環境、檢查機械設備等勤前準備，到打烊後的收拾，或是司機等待發車的時間、在車站的待命時間等，都是工作時間，絕對不是只有手握在方向盤上才能算是在工作。

不過，現代因為通訊軟體發達，即使下班了，老闆也可能用 LINE 指派工作給勞工處理，依照前面介紹的基準，**雇主在工作時間外，以通訊軟體、電話等要求勞工工作，而且勞工也確實因此開始工作，即使人不在辦公室，也當然屬於工作時間**。但由於工作時間需要依照個案情形做認定，因此勞工們要自己留存相關的通訊紀錄或是對話截圖，才能夠在需要的時候提出證據，幫助自己爭取權利。

今天的加班，就是明天的高工時

在台灣，有許多企業仍然將加班視為是認真工作的重要指標，這樣的觀點也改變了你我，我們可能在同事都不斷加班的同時，慢慢地將加班、高工時視為一種理所當然，漸漸地改變自己，默默地選擇加班。而雇主也利用了這個「同儕壓力」去營造出高工時的「企業文化」，並透過提出高於一般工時工資待遇的手段，使得勞工更願意接受高工時。

為什麼法律要禁止勞工「多加班」呢？因為「**休息**」**除了是勞工的權利外**，**同時也應該是勞工的義務**，「休息是為了走更長遠的路」，除了能讓勞工經營精神文化生活、從事平日無法進行的進修、旅行或其他休閒活動外，**過去許多研究也指出**，**相較於十小時以上的工時**，**每天只工作六小時反而會使工作效率提高**，**對工作也更熱情**、**更投入**，**甚至公司的產值也會增加**。以火車或客運司機等行業為例，過長的工時會使勞工在工作時難以集中精神面對突發狀況，台灣運輸業近年來許多重大交通意外，包括前面提到的國道警察遭過勞司機追撞殉職案件、蝶戀花旅行社遊覽車翻覆等意外，其實都與過勞脫不了關係。

約定工時的大魔王：勞基法第84條之1

《勞動基準法》雖然有很多關於工時與休假的規範，但其中還有不容忽視的第84條之1，也就是俗稱的「**責任制條款**」，針對了工作性質特殊的勞工，如從事監督性、間歇性或責任制的勞工，在適用《勞基法》的同時排除了工作時間、例假、休假、女性夜間工作的種種限制，對勞工而言影響非常大。

不過，並非所有人都適用第84條之1，而是必須要符合特定要件才可以：❶ **必須是經中央主管機關核定公告的行業**，詳細名單可以到勞動部的網站查詢，目前已經核定的工作有像是銀行經理職以上人員、家庭幫傭、航空公司之空勤人員、保全、醫療人員、會計師、律師及導遊等約五十種行業別。❷ **必須是從事監督與管理的主管級人員、以專門知識或技術完成一定任務並負責成敗的責任制人員、以監視一定場所為工作的人員以及工作是以間歇的方式進行的人員才適用**。其他還有需要勞雇雙方共同約定、以書面約定、任何調整或變化，都不可以損及勞工的健康及福祉、必須報請當地主管機關核備等條件限制。

第84條之1雖然讓勞資雙方可以用約定排除工時、休假等規定的適用，使得勞工每日及每週的工作時數不受限制，但主要是為了讓部分工作性質較為特殊的勞工，可以與雇主間有合理協商工作時間之彈性，並不是說工作時間從此海闊天空完全不再受限制，或都不用給例假與休假，或是以後加班都不用再給加班費，雇主千萬不能拿著雞毛當令箭。**《勞基法》第5條與第42條的規定：「勞工有正當理由得拒絕加班」以及「雇主不得強制勞工加班」並沒有被排除，所以「責任制勞工」還是有拒絕加班的權利**，如果雇主要求勞工加班，也必須要依照勞基法第24條規定給付加班費才行。

紙紮的「把關條件」？

大家如果仔細研究《勞基法》的條文設計，可以發現對於勞動條件的變更主要有四道關卡，包含「主管機關的事前把關」、「工會同意」、「沒有工會也要經勞資會議同意」，最後再由「政府事後備查」，其中可以分為「勞工同意」以及「政府把關」兩類。

在「勞工同意」的部分，無論是工會以及勞資會議，其實幾乎都是紙上談兵，因為全台灣有工會的公司企業少之又少，而「勞資會議」對勞工的實質保護力比較低，**因為勞資雙方地位不對等，勞方代表也缺乏有力的談判籌碼，在會議上經常無力或不敢拒絕雇主提出的要求**。因此，將這麼重要的決定交給勞資會議決定，其結果令人擔憂。

而「政府把關」的部分更是空洞，除了政府對於特定行業放寬《勞基法》規定都沒有特別說明理由，也沒有後續評估，提出的名單也不需要經由立法院同意。所謂的「當地主管機關備查」，在現實上主管機關也不會審核協議內容，**政府雖然聲稱有把關機制，但實際上卻讓勞工必須「合法」接受違反意願的各種不良勞動條件**，所以究竟彈性工時會不會讓你我更輕鬆，是個值得深思的問題。

雖然法律已經將工時設定了法定上限，但很有可能看得到吃不到，因為許多行業

的工資結構設計，是屬於「有做有錢、沒做沒錢」的工作類型。勞工長期面臨低薪甚至是無底薪的薪資結構，為了多賺點錢養家活口，就必須增加工作時間，因為多跑一趟車，就是多賺一點錢，寧可冒風險、犧牲健康都要出勤，「薪水都是用命換來的」。雖然這幾年勞動部不斷加強勞動檢查，也針對違規公司開罰，但最根本的問題如果沒有解決，問題也只會一再發生。

或許有人會認為，如果要保住飯碗，勞工根本不可能拒絕加班。筆者也認同台灣很難跳脫高工時的框架，但勞工們必須正視自己的工作權益，更不應放棄爭取自己應有的權益；**如果每次都欣然接受增加工時，未來高工時將成為一個常態，「過勞之島」的情況就會更加難以扭轉**。勞工們對這個議題關注的力道，不但會影響政府的反應，更會左右你我未來的工作環境，因此，身為一般勞工的我們，在與「高工時」奮鬥的路上，都是在同一條船上，誰都無法避免過勞的風險。

無所不在的職場性騷擾，既是勞權也是性別問題

法白晚報　PLAIN LAW NEWS

法官陳鴻斌因為涉嫌性騷擾助理，遭監察院彈劾後，職務法庭隨後於 2016 年判決陳鴻斌免除法官職務。

只是沒想到，在 2018 年 3 月，職務法庭改判陳鴻斌罰鍰而不用免除法官職務，引起社會軒然大波。

這個案件的爭議在於，職務法庭認定助理在工作上有主動討好的行為，而且當初對於擁抱及牽手行為都沒有拒絕，兩人曾在河堤散步約半小時，在車上有頭靠肩聊天等等情況，因此法庭認定彼此是兩情相悅。

除此之外，職務法庭也基於助理從未去性平會申訴的事實，認定她從來沒有想要追究責任，因此給予陳法官較輕的處罰。至於陳法官邀請助理外出購物然後代為付款、送助理相機並邀請到山上一起測試等情節，職務法庭則認為此種示好並不違背當今的社交規範，而且助理並未表示不妥或拒絕，所以不能作為處罰的理由。

透過這個案例，本篇想討論的是「職場性騷擾」的認定方式，以及為何這個問題不只是性別不平等，也應該放在勞動權益的脈絡中來討論。事實上，「性」作為一種施展權力的手段，正好連結了從社會結構的性別不平等到特定場域中（如職場）的位階不對等等權力關係問題，但這微妙的鏈接卻很常被忽略。

性騷擾是交織的權力濫用：性別不平等╳職場階級問題

我們必須要先理解不論受騷擾者的生理性別為何，從女性主義的角度來看，「性騷擾」是出於一種父權結構在職場中具體化的手段，是出於經濟上（上司）或文化上（男人）高階者實踐權力，宰制低階者的言論和身體。所以社會才會經常無奈地縱容：有的人就是這樣嘛，不然能怎樣？然而，具體而言，性騷擾的成因以及《性別工作平等法》下所欲達到的目的為何？

就此而言，「性欲支配理論」者主張，性騷擾是一種貶損人格（多半為女性）與在工作場所應有之地位，讓受害者「性慾化」而成為加害人性愉悅的客體。基進女性主義法學家麥金儂則提出「宰制理論」，**認為男性控制女性的性慾，而資本家控制受雇者的生活，這兩股力量結合在一起，變成男性透過在勞動市場上佔據的優勢地位宰制女性的性與工作條件**，使得女性只能夠接受性騷擾，或者離開職場。

性騷擾不僅讓女性勞工的人格權與性自主權受損，也影響了她們的工作表現，甚至讓男性在工作場所中以身材、樣貌、性魅力等與工作能力無關的事項來評斷女性，因此才有必要立法，藉由矯正職場中之性騷擾，以改善過往在父權結構下所累積對於女性（或非典型陽剛男性）的壓迫。

我國《性別工作平等法》第12條第1項針對性騷擾做出兩種分類：第一個是**交換式性騷擾**，就是老闆對於員工以明示或暗示之性要求，作為工作的繼續、升遷、加薪等的交換條件；另一種則是**敵意環境性騷擾**，也就是工作環境內老闆或其他員工使用跟性有關的言論與動作，造成具有敵意性、脅迫性或冒犯性之工作環境，干擾他人的人格尊嚴或影響其工作表現。

在這種情況下，若因為遭受身體上或情緒上的騷擾，無論順從或反抗，進而影響到受騷擾者的工作機會、評等和報酬（經常是間接迂迴的，有時卻也可能是報復性的），那顯然就牽涉到職場不正義的問題了。因此處理性騷擾，也是為了削弱並糾正父權對勞動環境的惡質影響。

如何判斷性騷擾

性騷擾要從職場上性別與階級不對等關係的角度來觀察，**一是雇傭關係所形成的不對等，另一個是社會性別所形成的不對等**。但是性別不平等該如何判斷，在判斷標準上引發了很多的爭議。

性騷擾案件的判斷關鍵在於：**行為人的行為是不是已經到達「致侵犯或干擾其人格尊嚴、人身自由或影響其工作表現」之程度**。

以美國的案例為例，早期法院認為應該以客觀「合理一般人」之觀點認定。例如在 *Rabidue v. Osceola Refining Co.* 一案中，Rabidue 在 Osceola 公司裡面工作，公司裡面的男同事 Henry 常常使用褻瀆女性的話，也在辦公室的牆上懸掛色情海報等。法院使用合理一般人之標準，判決 Henry 的行為雖然令人厭煩，但是對於原告只造成輕微的影響，因為該行為在社會中常見，例如人們經常能在廣告中看見情色海報，合理一般人不會因為看到色情海報感覺不舒服，因此不構成性騷擾，這樣的結論廣受女性主義學者批評。

被批評的原因在於，基於不同的社會脈絡，女性與男性對於「性」的理解與觀感經常截然不同，因此誰為「合理之一般人」即有疑義。更糟糕的是，許多廣為社會大眾等合理一般人接受的行為標準本身也是歧視，**合理一般人之標準可能會讓女性必須要容忍社會既存的歧視文化，無法達到《性別平等歧視法》保障性別平等、消除性騷擾的目的。**

後來美國法院發展出「合理女性標準」。在 *Ellison v Brady* 一案中，Ellison 指控男性同事 Gray 有性騷擾之行為。一開始在辦公室都沒有其他人時，她受到男性同事 Gray 邀約並與他共進午餐。但此後 Gray 就開始在 Ellison 身邊徘徊，並且問 Ellison 一切私人的問題，直到 Gray 邀請 Ellison 出去，Ellison 拒絕後，Gray 就寫信給她表示他真的非常難過，並表達自己的愛意。

於是 Ellison 去找自己的主管說明此事。之後，她短暫調職密蘇里州，Gray 還是不斷地寫信給她。Ellison 無法忍受，於是向公司正式提出申訴，請求公司行補救措施，於是 Gray 就被調到加州分處。六個月後，Ellison 被告知 Gray 又回來了，她害怕又被騷擾，再度向公司提及此事，但是公司認為六個月調職已足以治療之前性騷擾情事，於是不予處理，Ellison 正式提起訴訟。

在本案中法院採用「合理女性」之標準，認為若只使用一般合理標準，只會加深過去已經形成的歧視而無法真正地消除歧視行為，與性別平權之目的不合。因此判定被告公司沒有防止性侵害的發生乃屬違法。

然而，有不少人認為「合理女性」之標準會深化女性作為弱勢群體的印記。批評者認為女性也受到傳統社會薰陶，因此用一般女性標準還是可能包含父權社會所留下來的刻板印象，做出的判決無法解決歧視問題。

因而也有論者認為應該要採「**合理被害人**」之觀點判斷，也就是**綜合判斷性別權力互動關係，以及老闆與員工的權力不對等關係，再加上客觀的「合理」要件**，避免過度敏感的原告濫訴，保護真正因權力不對等關係受害的被害人，並藉由主觀面向讓裁判者可以注意被害人的社會性別差異，讓某些男性不會覺得是冒犯、敵意，但女性覺得不舒服的行為獲得治癒，並且消除性別刻板印象。

從女性經驗去思考性別不平等的問題

回到一開始的案例，我們可以一起思考：身處工作環境圍繞的權力結構下，助理真的有辦法拒絕陳法官的追求嗎？當你在工作環境中，你的考績、續聘等等事宜全部都掌握在他手上，你有多少的「自由」可以說不？此外，類似這樣子檢討被害人的言論，在網路上也層出不窮：「妳應該拒絕」、「妳自己讓人家誤會」、「妳應該穿保守一點的」。

更何況，種種加諸在女性身上的「社交規範」：如男性約女性出去吃飯、男性對女性表示「友好」等等，為了顧及工作場所上的「和諧」，妳有多少「勇氣」說不？我們經常忽略且沒有注意到這種男與女、老闆與員工之權力不對等關係，而是以一個

「一般人」的標準質疑被害人：「妳為何不去申訴？」、「妳為何不拒絕？」但現實上只有很少的女性可以拒絕。

更糟糕的是，男性討好男性長官沒事，但女性討好男性長官卻會被誤以為有意識，社會大眾常會質疑女性「妳不應該去討好妳老闆而讓人誤會」，本質上都是一種對女性的矮化。而**此種帶有檢討被害人心理來認定性騷擾的方式，只會讓女性在性別與職場環境的雙重宰制底下，顯得更加弱勢**。

本文的目的並非要批判職務法庭的判決，而是希望讀者能理解「**觀點**」的重要性，特別是我們需要自我提醒要有性別意識，**從女性之經驗去思考性別平等的問題**，才有辦法扭轉已發生在社會上的種種宰制，及其所帶來的性別不平等。

自己的權益自己爭——什麼是工會？可以幹嘛？

法白晚報　PLAIN LAW NEWS

在2018年《勞基法》修法的時候，由於政府為企業加入許多彈性條款，宣稱在工會或勞資會議的把關下，可以兼顧勞工權益以及企業效率。

然而事實上台灣大部分的勞工根本就沒有工會保護，因此這種把關機制被普遍認為缺乏實際意義。

談到工會，我們常常聽到有人說台灣的勞動條件低落，是因為台灣勞工沒有組織工會、參加工會的風氣。但是台積電前總裁張忠謀卻不這麼認為，他曾經公開表示Google、臉書、微軟等科技業者都沒有工會，是這些企業會成功的主要原因。到底工會是什麼？我們應該怎麼看待工會呢？

工會是勞工團結彼此，用來對抗資方的力量

在自由市場的經濟體系下，勞工以勞力換取工資，雇主也有聘請勞工的需求，但雇主同時擁有工廠、機器、營業機密以及雄厚資金，讓勞工無法跟雇主取得平起平坐的地位討論薪水、工時、休假等勞動條件，畢竟公司高層可能會跟你說一句：「不想做的話，歡迎離職」，此時**勞工沒有相對應的手段來與雇主抗衡，因此唯一能做的就是團結彼此，形成一股對抗力量，以數致勝**。

而最不想看到勞工團結起來的，便是資本家以及跟資本家合流的政客了。在十九世紀和二十世紀初期，隨著社會主義的思潮逐漸在全球蔓延，勞工運動的勢頭也逐漸

走向高峰，在一八八六年五月，美國芝加哥的勞工不滿工作待遇太差且工時太長，引發三十五萬勞工發起大型罷工示威，上街要求改善工作待遇，並縮短工時至每日八小時，結果政府卻派出警察鎮壓、甚至開槍射殺遊行示威者。在一八八九年，由世界各國工人政黨團結起來成立的社會主義國際，也就是後來的第二國際，在成立大會時決定將五月一日訂為國際勞動節，希望能支持鼓勵會員效法這樣以罷工作為手段的鬥爭。

後來人們認識到保障勞工團結權的重要性，便在《公民與政治權利國際公約》第22條第3項及《經濟社會文化權利國際公約》第8條第3項，將工會團結權定為基本人權。

在我國的法律中，也**承認勞工擁有團結權，也就是勞工可以團結起來向雇主爭取權益，最直接的做法就是組織工會**，《工會法》便是保障團結權最重要的法律；除此之外，我國法律也**承認勞工擁有團體協商權與團體爭議權**，前者是指當勞工組織工會後，工會有權利要求雇主與工會協商，《團體協約法》便是保障團體協商權最重要的法律。

而團體爭議權則是當工會與雇主協商受到阻礙時，工會可以發動罷工或用其他方式對雇主施壓，藉此迫使雇主正視工會的聲音，甚至讓雇主同意工會的訴求。

工會分成哪些？可以行使哪些權利？

我國二〇一〇年《工會法》修法後，明訂勞工可組織三種工會：企業工會、產業工會和職業工會。三種工會各自具有不同的條件門檻和適用身分。

企業工會的意思是同一間公司的勞工所組織的工會，例如台灣鐵路工會、中華電信工會、中華航空工會等。《工會法》也規定，如果一間公司有許多工廠，每間工廠也可以組織獨立的企業工會。此外，若為有關係企業甚至是有控股公司等大型企業集團，這些集團旗下的勞工也可以聯合起來組織企業工會。

產業工會則是結合相關產業內之勞工所組織之工會。例如基隆客運產業工會、台灣基層護理產業工會等。而**職業工會為結合相關職業技能之勞工所組織之工會**，如桃園市機師職業工會、桃園市空服員職業工會等。

但從歷史來看，自國民政府來台之後，國民黨基於在中國大陸的失敗經驗，為了控制與防止反對國民黨的勢力從勞工中浮現，因此主動在公營事業和黨營事業內扶植工會，也施壓民間企業要求民間企業成立工會，並規定一間企業或一間廠房只能有一個工會，目的是便利國民黨透過這些工會建立網絡控制企業及勞工，**造成台灣有許多企業工會遭到雇主御用化的現象**，也讓真心想要從事勞工運動的勞工無法組織工會。因此，**近年來許多勞資爭議都是由勞工另外組成的產職業工會推動**，例如華航空服員罷工，便是因為當時的華航企業工會屬於御用工會，因此空服員另行組成桃園市空服員職業工會推動罷工。

工會的罷工與爭議行為

工會其中一個很重要的任務就是進行爭議行為與罷工。

罷工，是勞工展現團結、爭取權益的極致表現。**在罷工期間，如果工會會員不遵守罷工決議，仍然決定為雇主提供勞務，工會可以決議開除不配合的勞工會員。**

華航空服員罷工案件中，工會選擇在蔡英文總統出訪友邦的第一天發動罷工，當時總統的專機由華航負責，而有數名參加工會的人仍然選擇登上總統專機提供勞務，不配合罷工，隨後便遭到開除。雖然這些空服員認為總統專機的性質跟一般航班不同，不應該受到罷工影響，但法院則認為雖然總統出訪對於國家利益至關重要，可是勞工罷工權對於改善國內勞工整體經濟地位也有關鍵影響。法院特別強調，弱勢的勞工如果無法團結，就無法產生能夠與資方抗衡的力量，勞工朋友的地位也無法改善，因此工會開除不配合罷工的工會成員並不違法。

用工會的團體協商權，制定出適合各行各業的勞動法

工會設立的最主要目的，就是為了維護與提升勞工的勞動條件及經濟條件，如果勞工是基於其他目的組成團體，像是以認識別人聯絡感情為目的的聯誼會、以減肥或健身為目的的運動社團，或是政治性社團，都不屬於工會。而許多《勞動法》的學者認為，**工會最重要的目的就是與雇主締結團體協約**，這是什麼意思呢？

常常聽到有人說，台灣各行各業之間的差異很大，例如航空業的機師、法律服務業的律師以及醫院裡面的護理師，工作型態非常不同，因此有人說根本不可能訂出符合百工百業特性及需求的《勞基法》。

在許多國家，確實認識到不可能用一部《勞基法》管理所有產業的勞動條件，因此這些國家的做法是讓各行各業的勞工組織工會，由工會自己跟雇主協商，甚至雇主也可以組織雇主團體，**讓各行各業的雇主團體與工會自行協商出符合產業需求、同時也能保障勞工權益的勞動條件，最後再將協商結果簽訂成團體協約，團體協約就會成為這個產業的勞工所享有的最低標準。**

以近年來比較常發生罷工爭議的航空業為例，假設機師工會透過罷工爭取勞動條件，隨後與華航、長榮兩間航空訂定團體協約，這個團體協約因為是航空業的成員自己協商出來的，一定會符合航空業的需求，也因為是工會同意的，所以也能夠達到保障機師勞動權益的目的。而**《團體協約法》規定，雇主與勞工訂定的勞動契約不可以違反團體協約，團體協約會自動成為工會會員勞動契約的一部分，**因此勞工透過組織工會、集結力量，進而與雇主訂定團體協約，便能達到保障自己勞動權益的效果，這樣的方式也遠比依賴政府有效多了。雖然工會自行爭取自己的權益以符合自己產業的特性是比較理想的做法，但在台灣工會覆蓋率仍不高的情況下，去除《勞基法》由工會自行協商，似乎不會是個好選擇。

事實上，**在工會運動成熟的國家，工會之間便是透過簽訂團體協約的方式爭取會員認同**。因為勞工參加工會必須繳納會費，因此工會必須爭取簽署有利勞工的團體協約，讓勞工在加入工會後能獲得團體協約的保障。也因此在台灣，《團體協約法》便允許工會與雇主約定在團體協約中加入「禁止搭便車條款」，也就是雇主不可以把團體協約中特殊約定的福利或保障提供給沒加入工會的勞工。

雖然有人會認為這樣並不公平，憑什麼只是因為加入工會，就可以領比較多錢，這不就違反了「同工同酬原則」？原因在於要迫使沒有參加工會的人付出一定代價，換句話說，就是不讓他可以什麼都沒做，又不加入工會，還能享有跟工會會員一樣的待遇，進而達到保障工會集體的權利、提高工會協商的能力，也讓工會自行爭取勞工支持並入會，形成良性競爭。

爭取勞動條件你我都該出力

早年台灣的工會活動遭到當時的政府嚴密控制，讓工會成為大家都聽過，但沒人知道那是什麼的東西，因此台灣的工會運動一直不盛行，許多工會都是政府與資方把持的御用工會。在這樣的歷史背景下，使台灣的勞動法長年沒有成熟發展，人們已經習慣在政府率領下透過《勞基法》獲得勞動條件的保障，卻甚少意識到勞動條件應該要由勞工團結起來一起爭取，而工會對於勞工團結而言，扮演著非常重要的角色，透過工會爭取團體協約協商，也能改善「一部勞基法無法治百業」的困境。

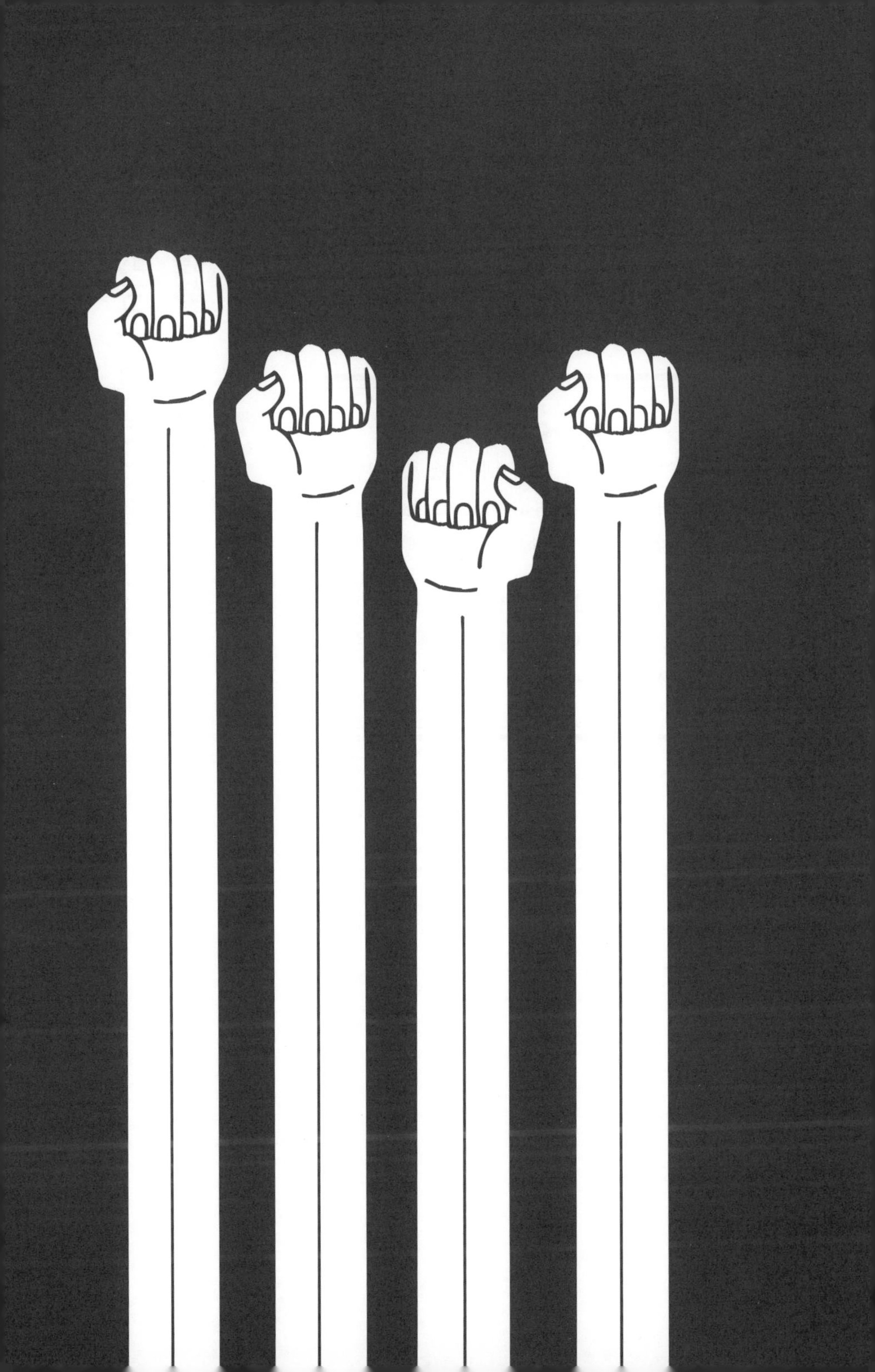

工會的五十道陰影：
我保護勞工，誰保護我？

法白晚報　PLAIN LAW NEWS

2016年，華航資方要求空服員簽署《勞基法》第84條之1責任制條款，並片面將空服員的報到地點從松山機場改為桃園機場，嚴重惡化空服員的勞動條件。

而空服員成功發起罷工使資方退讓，為台灣勞工運動史寫下新頁，也點燃民眾心中的勞權意識。

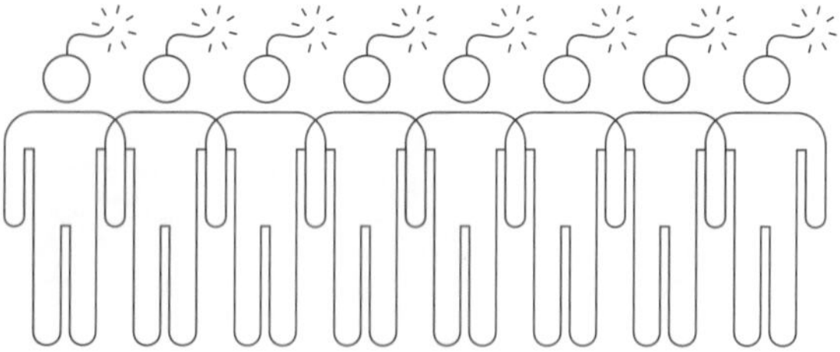

在二〇一八年，美國國務院發布的二〇一七年人權報告點名了台灣對勞工組織工會保障不足，而事實上也確實如此。台灣擁有近九百萬的受雇勞工，僅有五十萬餘人加入企業工會，工會密度僅百分之五點八，遠低於經濟合作發展組織（OECD）的平均值百分之十六。台灣工會發展長期貧乏不振，「**人人聽過工會，卻沒人見過工會**」的狀況十分普遍，華航空服員罷工，對大部分民眾來說距離十分遙遠。

更糟的是，在罷工結束後，工會成員不再獲得社會輿論注目，華航資方開始秋後算帳，例如工會到交通部前抗議運輸業勞工過勞無人聞問，幹部們帶領群眾高喊「罷工一週年，過勞沒有變」，竟然遭到華航以發言傷害公司商譽為由記過；也有工會幹部基於職業衛生安全考量爭取空服員可戴手套發放餐點，遭華航調職到貨運部。

曾有法院說過：「**勞資和諧是一個願景，但不是最高規範，工會若不能強勢抗議，只被允許歌功頌德或致力維護企業形象，通常沒有辦法達到保護會員勞工權益之目的**。」但工會幹部長期帶領勞工發動抗爭，難免成為雇主的眼中釘，因為工會挑戰的便是雇主的管控資本及資源分配的權力，集結勞工爭取權益，縮小雇主極大化利益的空間。因此，如果法律沒有設計一套特別保護工會的制度，根本就不會有人參加工會活動。為了保護工會，我國仿照日本設計了「**不當勞動行為**」**制度**：藉由禁止雇主從事不當勞動行為，保護工會以及工會幹部不會遭受不當的打壓。

不當勞動行為是什麼？

「不當勞動行為」一詞來自日本，意思是**手握人事懲戒、制定工作規則等生殺大權的雇主，如果濫用這些權力來打壓工會幹部及工會，甚至是分化勞工避免勞工團結起來，就是不當勞動行為**。

綜觀台灣勞工運動史，便是一件又一件雇主打壓工會的血淚史。遭遇資方以不當勞動行為打壓的工會勞工，面臨失去工作的生存危機，連帶讓家人一同陷入焦慮與煎熬之中。在華航罷工後，許多工會幹部的一舉一動開始遭到嚴密監控，資方動輒以約談手段施加壓力，甚至用記過、降職、停止員工福利等方式打擊工會幹部。

我國《工會法》第35條有規定，**雇主不得以勞工參加工會活動、參與罷工等爭議行為為由對勞工予以解雇、降調或減薪等不利待遇**；此外，《團體協約法》第6條也**禁止雇主拒絕與工會展開團體協約協商或不誠信協商**。這些行為可以歸納為「不利益待遇」、「工會團結權侵害」（或稱「支配介入」）與「違反誠信協商原則」三類。

當工會幹部遭到雇主以不當勞動行為打壓時，可以向勞動部「不當勞動行為裁決委員會」申請裁決程序。以不當解雇為例，如果勞工選擇一般司法程序，雖然可以訴請法院確認雇主解雇違反《工會法》而無效，但是過程須歷經一二三審，十分漫長，且起訴時須繳納裁判費，多數勞工也無力承擔訴訟期間沒有收入的情況。

因此，《勞資爭議處理法》設計了「不當勞動行為裁決」制度，目的在於快速解決不當勞動行為爭議。裁決委員會如果認定雇主行為構成不當勞動行為，可以命令雇主撤銷違法的解雇或減薪等不利待遇，且勞動部可以依法開罰；如果雇主不遵守裁決決定，勞動部可以開罰至雇主遵守為止。

為何工會幹部難逃打壓命運？

過去的《工會法》只允許勞工組織企業工會（過去稱為產業工會，與現在《工會法》規定的產業工會不同），造成了工會一方面需要與雇主抗爭，卻也同時要為雇主提供勞務、接受雇主的指揮監督，使得不當勞動行為有機可趁。更糟的是，到目前為止，**《工會法》只允許一間企業只能有一個企業工會，因此許多企業為預防勞工抗爭，搶先一步組織雇主御用的企業工會，直接根除勞工團結的機會**。

以歐美等國的經驗來看，工會運動蓬勃的國家興盛的工會型態以職業工會或產業工會為主流，產職業工會開放所有從事同類型產職業的勞工加入，因此不直接與特定企業發生衝突，一間企業也不限於一間企業工會，讓勞工可以加入組成員更多元的工會。二〇一一年修正的《工會法》開放成立產職業工會，卻仍然沒有取消一間企業只能有一個企業工會的限制。

而「華航罷工」正是由「桃園市空服員職業工會」所發動，是台灣第一次由職業工會發動的罷工，原因便在於當時的華航企業工會受到資方把持而毫無作為，不滿企業工會的空服員遂組成桃園市空服員職業工會，透過外部工會的力量成功發動罷工，迫使資方讓步。華航罷工的案例也帶動許多產職業工會的興起，例如「台灣汽車貨運暨倉儲業產業工會」、「北區捷運電聯車駕駛產業工會」、「台灣鐵路產業工會」等。

二〇一六年華航罷工後，確實帶來改變：更多受到不合理對待的勞工願意站出來，而且團結之後爭取到了睽違已久的權益。但是，空服員的勞動條件變好，工會幹部處境卻變差，不少工會幹部受到打壓，即便有不當勞動裁決制度，不理裁決委員會的決定認為罰一罰錢就沒事，或是資方繼續上訴跟工會幹部耗時間的，不在少數。

在台灣現行的法制下，儘管勞資爭議可以訴諸法律途徑，但我們可以看到的是：**仍是資源多的資方佔優勢**。因此，一方面，**我們應該思考如何修改法律制度**，讓不論勞資雙方都會遵循裁決委員會的決定；二方面，工會也應該思索，如果使用法律程序並不利於己的話，**是否應該透過其他方式，例如罷工等爭議行為，使資方更能重視勞動條件的改善**。

爭議行為百百種，你選哪一道？

台灣勞工運動的實踐與困境

法白晚報　PLAIN LAW NEWS

普來利 Homebox 桃園店因大環境影響預計於 2017 年 12 月結束營業，10 多名資深員工因此受波及，面臨中年失業的命運。

雖然歷經近一個月的勞資協商，但是沒有結果，工會因此舉辦罷工投票，並通過決議到尚在營業的 Homebox 新竹店設置罷工封鎖線進行罷工，以要求公司針對工會提出的優離方案進行實質勞資協商。

不過沒想到，在罷工現場遭到警方衝撞罷工封鎖線，破壞罷工行動後逮捕 5 名勞工。

前述的情形在台灣其實很常見，由於對罷工及其他爭議行為的不熟悉，常常發生警方以優勢警力介入勞資間的爭議，使原本就是小蝦米對抗大鯨魚的勞工抗爭更顯得困難，而合法罷工這一道殺手鐧因為被汙名化，讓勞工爭取權益之路佈滿了荊棘，越走越艱辛。本文就是要帶大家了解**什麼是爭議行為**，以及爭議行為能做哪些事情，希望將來有爭議行為發生時，大家可以把握好心中的那把尺，支持合法的爭議行為。

爭議行為到底是什麼？

所謂的「爭議行為」，**包含罷工以及其他阻礙事業正常運作及與之對抗的行為**，而有哪些行為可以稱作爭議行為呢？以目前實務上可能發生的爭議行為態樣來看，**勞工可以採行包括罷工、怠工、杯葛、糾察、集體休假、集體辭職**等爭議行為，而**資方可以閉廠、鎖廠、繼續營運及黑名單**等方式對抗。以下就簡單地為大家介紹這些爭議行為到底是什麼意思吧！

❶ **罷工**：勞工暫時性地拒絕提供勞務的行為，也就是藉由暫時不工作使資方產生經

濟上的損失，迫使資方低頭，結束之後會繼續回到崗位工作。

❷ **怠工**：性質上與罷工類似，是拒絕提供「一部分」的勞務，也就是說勞工一樣有出現在崗位上，但是怠慢工作，造成生產力下降，但不可以故意減低產品品質導致發生消費糾紛或是破壞機器、原料。

❸ **杯葛**：有計畫性地阻絕對方從事交易行為，包括呼籲大眾不要購買產品的「阻絕販賣」，以及呼籲不要提供原物料予雇主的「阻絕運送」等，但不得以散佈不實資訊作為阻絕之手段。

❹ **糾察**：為了使罷工可以確實發揮效力，勞方通常會設置「罷工糾察線」，勸阻想要進場工作的勞工、阻止貨物或原物料的進出，但不得以暴力脅迫的方式為之，也不可以辱罵不服從糾察行為的人。而上述 Homebox 工會所採行的就算是糾察的一種。

❺ **集體休假**：勞工集體合法休假，可以達到與罷工相類似的效果。

當然，爭議行為不是僅有上面所討論的類型，其他還有如**集體拒絕加班**、**以服飾進行抗爭**（如華航工會曾發起黃絲帶運動）等較輕微的手段，也有如**占據廠房**、**圍堵**等較強烈甚至可能違法的方式。不管是何種手段，進行爭議行為最主要的目的在於「對資方施壓」，促使資方因為不堪經濟上的損失進而向勞方低頭。

面對勞方行使爭議權迫使資方接受其條件的同時，資方也會採取對抗手段。簡單來說，勞方不希望資方可以繼續營業，因為這樣會讓罷工等爭議行為無法發揮該有的效果，但資方會想盡一切方法使自己的公司或工廠維持在一定的生產力上。有人或許會疑惑：為什麼還要保障資方的經營權利？為什麼不規定只要有罷工就應該停業？這是因為資方依法有繼續經營的權利與自由，如果不給予資方一定程度的經營權保障，將與《憲法》第15條所列的「財產權保障」牴觸。

而雇主的對抗手段主要有二種，第一是**關廠**（**鎖廠**），也就是雇主為了避免在爭議行為（如怠工）期間仍須給付工資，採取部分或全部工廠停止作業，以斷絕勞工的工資來源；第二就是**繼續經營**，也就是想盡辦法繼續營運下去，如果成功的話，會大大降低罷工或其他爭議行為的效力，像是說服員工回到崗位上、雇用新的替代性人力等方法。

爭議行為是不是不爽時想開始就開始？到底要不要事先「預告」？

爭議行為當然不是毫無限制的，必須要符合一定條件，才能夠合法啟動，像是《勞資爭議處理法》第53條、第54條，就有針對爭議行為設定嚴格的條件及限制，**所有爭議行為都必須在合法的界線內進行**；如果逾越了，就有可能使合法的爭議行為變成非法，而行為人還可能因此要承擔民事及刑事責任。

另外，在二〇一八年八月，由華航與長榮航空機師組成的桃園市機師職業工會正式取得罷工權，希望針對工時、航班等議題與公司協商，若協商不成則不排除發動罷工。這次的抗爭，也讓罷工是不是需要事先「預告」的問題浮上檯面，資方與交通部長希望可以建立罷工預告制度，讓交通運輸業者有反應的時間。不過，勞動部卻在協商時表達反對，因為許多勞動法學者與工運人士都認為，即使罷工預告制度具有保障公共利益、避免罷工對於勞資雙方以外之第三人衝擊的功能，但**預告制度仍然是以限制罷工權的行使作為主要方式**，**對勞工勞動權的影響不容輕視**。此外，罷工可以說是勞工最後的武器，參與罷工的勞工不但要承受工會內外的壓力，罷工期間也無法取得工資。最重要的是，**我國在罷工之前需要進行許多程序，其實在實質上已經有「預告」的效果**，如果讓資方有太長的反應時間，也會讓罷工的效果大打折扣，因此實在不應該對罷工加諸過度的限制。

誰造成了台灣勞動運動的困境？

其實台灣在解嚴之後有許多勞資爭議事件，從一九八八年桃園客運罷工、一九八九年的遠東化纖罷工、一九九二年的基隆客運罷工，到近年的華隆紡織罷工事件、關廠工人案、華航罷工案等，台灣勞工運動的火苗一直不曾熄滅，但也只是像風中殘燭一樣，搖搖欲墜。

一直以來，勞工不斷地為自己的生活發聲，為自己的尊嚴怒吼，但**常常會面臨一堵名為「秩序」的牆，企業主們常常大聲地斥責勞工運動、環保運動是經濟倒退的元凶**，甚至前行政院長郝柏村都曾指稱工運人士為「工運流氓」，被社運人士譏為「政治解嚴，社運戒嚴」，早年如曾茂興等工運人士，甚至被以觸犯《刑法》公然煽惑他人違背法令罪與強制罪起訴，也因此使得現在的勞工運動逐漸趨近和緩，不像歐美國家的勞工運動如此激烈。儘管如此，在政府與一般人民不了解的情況下，**勞工運動至今都背負著「叛逆」的汙名**。

回到開頭談到的Homebox的案例，就是警察以《刑法》及《社會秩序維護法》為由介入罷工或干預爭議行為。雖然警察賦有犯罪的預防及訴追功能，但是在勞工抗爭的情境中卻十分弔詭：符合勞動法的合法爭議行為，卻被警察機關認定是違法的抗爭活動。依照目前學說上多數的見解，都認為警察在執行職務時要受到公共原則、比例原則的限制，除非爭議行為違法且具有公共性危害，**原則上警察都不應該介入僅是民事紛爭的勞工爭議行為**。一般來說，罷工糾察線如果沒有危害到一般民眾，沒有以暴力脅迫的方式圍堵或占據工廠等，警方或其他行政力量都不應該貿然介入，否則很有可能會激化雙方的衝突。另外，警察作為國家機關之一，必須要嚴守行政中立原則，不應該以維持工廠生產秩序或是公共安寧為由將工廠包圍，導致勞資之任何一方無法正常行使爭議權，例如用優勢警力排除罷工糾察線；而**對於合法的勞資訴求，政府機關也不可以在媒體上「放話」支持或譴責任何一方，造成對方道德上的壓力**。

多一分關心，讓勞動權益再向前

台灣勞工運動的困境不是三言兩語可以道盡的，從合法進行爭議行為的高法律門檻，抗爭途中政府或媒體的外力介入，或是社會大眾的不諒解，到爭議行為結束後可能要面臨的事後清算——其實，台灣勞工運動在實踐上困境重重。

在追求權利的過程中，常常會遭到行政機關的中途截斷，使抗爭胎死腹中，而在不理解的情況下，社會大眾常認為爭取權利的人破壞了現有的和平秩序，覺得抗爭者過於自私，破壞了社會的安寧與和諧。政府像是忘了何謂爭議行為一般，以依法行政的大刀斬斷受迫勞工前進的道路，是以**在不理解、不專業與不支持下，台灣勞工運動的實踐常與犯罪畫上等號**。隨著工運人士深陷囹圄，勞工們的未來也越來越黯淡，期待正在閱讀這篇文章的你，可以多關心勞工們的權益，為台灣的勞動環境多投入一分關心，勞工的權益就可以再向前一點。

陸

邊緣國被邊緣，然後它就死掉了？

國際與國際法

李濬勳　蔡孟翰　廖恒藝

近來許多海外台籍詐欺犯遭逮捕後，
被送往中國大陸審判，但這背後卻牽扯著國籍的問題。

國籍，代表著你從哪裡來，
在哪個地方享有權利、負擔義務，
在國外出事時，也能期待國家提供幫助。

但你有沒有想過，
有一群人生而沒有國籍，就好像不存在這個世界一樣；
也有人想要放棄原本的國籍，
試圖透過各種方式成為別國的一員……

台灣人在國外犯罪，應該要引渡給中國還是給「中國」呢？

法白晚報　PLAIN LAW NEWS

2015年10月底，肯亞警方偵破一起電信詐騙案，並且逮捕了76名犯罪嫌疑人，其中28名為台灣人，此事件的受害者集中於中國大陸，遭受詐騙之金額高達上億元。

後來，肯亞法院判決台灣相關罪犯的審判結果為無罪，但必須於限定期間內出境不得滯留，然而肯亞卻將台籍嫌犯遣送至中國。

嗣後中國政府也宣布，送至中國的台籍嫌犯全數被以電信詐欺罪名起訴。

對於此次案件，台灣政府也積極抗議，要求將台籍嫌犯送回台灣。然而此事件之後，類似事件層出不窮，二〇一六年馬來西亞、二〇一七年西班牙、二〇一一年及二〇一八年菲律賓，皆將台籍嫌犯送往中國。究竟台灣人在國外犯罪應該要引渡給誰呢？本篇文章就來帶你看看什麼是引渡、什麼是遣返，又為什麼這些跟兩岸關係如此密切且難以分割呢？

誰有權利管？

本次事件涉及到各國「管轄權衝突」的問題，什麼是管轄呢？就是指一個國家可以對一定的人事物行使權力的範圍。可以分為**立法管轄**（國家制定一定的法律規則）、**司法管轄**（國家可以對特定事件進行審判）、**執行管轄**（國家可以對一定人事物行使公權力）。

國家行使管轄是主權的表現，行使管轄往往需要一定的合理基礎，包括：

領域管轄：對國家領土範圍內的人事物行使。

國籍管轄：對具有本國國籍身分的國民行使。

被害人國籍管轄：為了保護本國國民，對於加害國民的外國人行使。

保護管轄：對於威脅到國家安全的行為，為了保護國家利益而行使。例如美國就可能主張危害美國安危的恐怖分子賓拉登藏身在中東，並派部隊前往射殺；但此行為勢必會侵害到另一個國家的領域管轄，所以可能會有爭議。

普遍原則：部分行為是舉世譴責的，因此不論是在哪裡發生或哪國行為人，任何國家均可行使。例如在公海上的海盜是任何國家都可以打擊的。

如果台灣人在肯亞境內進行跨國詐騙，騙到中國人，那誰可以行使管轄權呢？

肯亞可以行使領域管轄權，主張台灣人在肯亞領土內犯罪；台灣可以行使國籍管轄，主張犯罪行為人是台灣的國民；中國可以行使被害人國籍管轄權，主張受害人是中國人（或是國籍管轄，因為「兩岸一家親，咱們都是中國人」）。

雖然三個國家都可以憑上述的合理連結正當化管轄權的行使，但是從國內法的角度來看，或許還有「罪刑法定原則」的問題，例如肯亞案的案件屬於「本國人在海外對外國人的詐欺」，台灣《刑法》沒有處罰的規定，因此似乎把人送回台灣，台灣也不能處罰，我國主張國籍管轄權恐怕有點薄弱。不過，修法後的台灣《刑法》第339條之4規定，對於此種三人以上、電信犯罪，可以行使「域外管轄」（extraterritorial jurisdiction），也就是不論犯罪者在天涯海角，我都可以管。

三個國家都可以行使管轄權，就發生管轄權衝突的問題，不過國際法並沒有規定哪個管轄權應該優先，因此往往就看各國之間如何協調。

什麼是引渡？

所謂「引渡」（extradite），**是指一個國家把這些該在國境內、且被指控犯罪或已被判刑罰的人，依照他國的請求而將這些人移交至請求國審判或處罰**。也就是說，台灣人民若在國外犯罪了，台灣可以要求該國將這些人移送回台灣，再由台灣進行審判或是進一步處罰。

引渡與國籍相關，但**不是只有國籍國才可以請求引渡**，例如犯罪地國家因為事件的結果發生在自己國家境內，也可以要求引渡。台灣最有名的引渡案例，或許可以舉一名英國籍人士林克穎，他在台灣開車撞死一名送報生，並遭到我國法院判有罪定讞，但是在發監執行前，林克穎就逃回英國，因此台灣請求英國政府將林克穎引渡回台灣執行有期徒刑。

然而，在國際法之下國家並沒有同意引渡的義務，通常各國之間都會透過「**刑事犯罪協定**」這樣的雙邊國際條約來規定引渡的相關事宜，若是沒有這樣的雙邊國際協定，那麼國家間可以拒絕其他國家引渡的要求，而且也不會違反任何國際法。

因為引渡是與國家主權高度相關的問題，所以在地主國答應之前，犯罪人國籍國也不能強行進入地主國將人帶走。但**若是兩個國家之間已經對引渡一事同意，並且互相約定有引渡的義務時，那麼地主國可能就有義務要將罪犯引渡回他的國籍國**。台灣的國際地位特殊，所以刑事引渡協議的數量也相當有限，主要皆是我國友邦國家簽署。不過在上述的林克穎案中，台灣和英國則是特別針對林克穎，以專案方式簽訂「臺英關於引渡林克穎瞭解備忘錄」，來處理引渡問題。

台灣目前也有自己的引渡法，規定引渡的原則、程序等等。原則上只有刑罰比較重（最重本刑一年以上有期徒刑）的罪犯才會被引渡，較輕的犯罪原則上就沒有引渡的必要。並且引渡也有幾項例外，例如本國人不引渡，也就是說原則上國家不會把具有自己國籍的國民引渡給其他國家審判（不過上述例子，英國顯然還是可能把本國人引渡給其他國家）；例如政治犯不引渡原則，也就是說若被請求引渡的罪犯所犯下的行為可能是高度政治相關的犯罪，那麼這類的犯罪地主國可以拒絕請求國的引渡要求。

所以遣返跟引渡不同嗎？

遣返與引渡是二個不同的概念。簡單來說，**遣返就是被國家強制出境**（但在大多數情況下還是要自己付錢買機票！），在程序上與引渡也不同。遣返沒有繁複的法律程序要遵守，通常國家會限制在一定期限內要出境。

而引渡的話則必須**透過他國的正式申請，請求國可能要提出已經開始犯罪偵查的程序，並且要提出引渡的罪名給地主國，將犯人引渡回國後，必須就相同的罪名進行審理**，不能隨意更動起訴的罪名。相較之下，遣返就只是把人驅逐出境至其母國或是原出發地國家而已，至於出境之後該國要怎麼審理、追溯這些罪犯，則不再過問。

在開頭提到的案件中，根據肯亞引渡法之規定，引渡不需要有引渡條約作為前提，只需要向肯亞的外交部長提出申請，並經外長同意即可。由於這些台灣人已經被肯亞法院判決無罪，隨後下令驅逐出境，因此並非將國人移交到大陸受審或處罰，不屬於引渡。

兩岸問題延伸到引渡上

雖然這次的肯亞事件不是真正的「引渡」，但背後最大的問題還是與兩岸問題脫不了關係，更不可否認的，本案背後有著強烈的政治操作。中國對外主張「一個中國」，也就是台灣及台灣人都歸屬於中華人民共和國的一部分，也因此在國籍的認定上常常會發生烏龍事件，也就是把台灣人當成中國人，而在引渡上的結果也常常是將台灣人送到中國大陸進行審判。

在類似的情況，不論台灣要不要獨立、或是持續維持著中華民國在國際社會走跳，**台灣都應該積極地對外國或是中國主張對台灣國民的管轄權利，以避免國民的國籍以及國家的管轄被漠視或是被中國所併吞**，進而否認台灣的政治獨立性，以及否定台灣的主權。

歡迎光臨大熔爐！

國籍的取得與失去

南澳的海岸　藏著無限的藍
墾丁的沙灘　埋在夕陽
風在空中　吹起一棟房子
還有一個無聊的小孩
他的媽媽　每天都不在家
他的爸爸　出海捕魚
布丁雪糕　是他最愛的早餐
冬至就快要來啦
merry Xmas

——雀斑 Freckles
〈楓港的小孩 We Wish You A Merry Xmas〉

這是一首描述黑戶小孩的歌，當同齡的朋友都上學去了，總是掛著兩條鼻涕在臉上的小朋友，卻因為都屬於外國籍的爸爸媽媽在他出生後就離開了，讓沒有國籍的他無法上學。沒有「國籍」這件事，看似離我們遙遠且難以想像——難道國籍不是一出生就有的嗎？

近年就有公眾人物暫時處於無國籍的新聞。根據媒體報導，烏克蘭籍藝人瑞莎與台灣男子結婚，想歸化台灣國籍，但台灣當時的《國籍法》規定外國人必須先放棄原有國籍才能申請歸化，也因此導致瑞莎產生幾年的空窗期、成為無國籍人士。

國籍的意義是什麼？又須要透過什麼方式才可以取得國籍呢？反之，國籍有可能消失或被剝奪嗎？

國籍要怎麼取得呢？

國籍是個人與國家在法律上連繫，使個人在一國的國籍管轄權之下，享有在國家法律下身為國民的權利並負擔義務。有國籍除了可能負擔國家課予的義務（如兵役、納稅等）外，也可以享有國家的保障，例如社會福利、參政權、外交保護等等，也因此《世界人權宣言》第15條指出：「人人有權享有國籍。任何人的國籍不得任意剝奪……」

原則上，各國可以自行透過國內法決定人民取得該國國籍的方式。在國籍的原始取得方式，可分為**出生地原則**（在A國出生，就取得A國國籍，而不論父母是哪一國人）和**血統原則**（父親或母親有B國國籍，自己就取得B國國籍，而不論自己在哪裡出生）。

台灣國籍原始取得原則上是採血統原則為主、出生地為輔。在《國籍法》第2條規定，出生時父或母為我國國民、或雖出生於父或母死亡後，但父或母死亡時是我國國民，則取得我國國籍。不過如果出生在我國境內，父母均不可考或均無國籍，為了因應國際社會減少無國籍人的人道考量，仍可取得我國國籍。

國民除了一出生就決定國籍外，**還可以透過後天的歸化方式取得**，外國人符合國內法律規定的相關條件後取得他國國籍。原則上一國不能將國籍強加在外國人身上，例如一名外國人長期定居在C國，C國不能因此在未經外國人申請歸化下，就當然給予國籍。

不過從上述取得國籍的方式，一個人可能同時符合以上的條件，例如B國（血統主義）國籍的父母在A國（出生地主義）境內生下的孩子，可能就同時具有A國和B國的國籍，也就是「**雙重國籍**」。在雙重國籍的情況下，可能A國和B國都可以主張該國民應該依法盡到各自的義務、國民也可能可以同時享有兩國利益。

有趣的是，**我國法律未禁止台灣人取得他國國籍**，也沒有要求台灣人一旦入籍他國，就必須放棄台灣籍，**但是規定外國人歸化台灣，原則上必須先放棄本國國籍**。近年來台灣最著名的例子應屬「台灣隊長」國家籃球代表隊選手戴維斯（Quincy Davis），二〇一三年他放棄美國國籍歸化中華民國，並在國際賽上為我國代表隊打出不錯的成績；而前述的藝人瑞莎，也是為了歸化台灣而放棄烏克蘭籍。

不過《國籍法》於二〇一六年修法後規定，有殊勳於中華民國者，或經主管機關推薦的科技、經濟、教育、文化、藝術、體育及其他領域的高級專業人才，**有助中華民國利益者，可以不用先放棄原本國籍**。在台灣服務超過五十年的甘惠忠神父因殊勳於我國，成為第一位不用放棄母國國籍而取得我國身分證的人士；另曾獲金鐘獎的知名土耳其籍藝人吳鳳，也受到文化部的推薦，以高級專業人才取得國籍。

順帶一提，不是只有「有血有肉的人」才有國籍喔，包括船舶、飛機也都有國籍，也就是看向哪一個國家註冊登記。

我可以放棄自己的國籍嗎？

前面提到，國籍是和國家間法律上的連繫，那麼如果我不想要和國家繼續有這樣的連繫可以嗎？原則上，**因為國家人口政策等等的考量，國籍沒辦法隨便拋棄**，只有在特殊的情況下，如未成年人為了跟隨外國籍的父母到國外生活，並且取得同一國國籍、成為外國人的配偶、或者是自願取得外國國籍等取得其他國籍的情況後，向內政部申請並經許可後喪失我國國籍。

但要注意的是，如果申請喪失國籍但還沒服兵役、或者是現役軍人、服公職的人，內政部不可以許可喪失國籍的申請；又或者是正在進行一些司法程序的時候，例如尚在偵查、審判中的被告、民事被告、被判刑還沒服完刑等等，國家也不會輕易放你走，儘管符合前面提到申請喪失國籍要件，也不會喪失國籍。

如果是外國人在取得歸化許可之後表現不好，或是當初申請歸化的程序有不符合要件的地方，**政府可以取消當初的歸化許可，也就是說有一段「留校查看期」**。在內政部知道有不合於歸化程序，好比說外國人獲得了歸化許可卻沒有拋棄原國籍時，就可以回頭撤銷當初答應成為台灣人的許可。

無國籍人生產國？

比較有疑義的地方是，按照《國籍法》的規定，內政部在知道當初歸化許可有不合《國籍法》的情形後，兩年內都可以撤銷歸化許可，但針對「一群特別的人」，政府卻隨時可以撤銷歸化許可：

> 經法院確定判決認其係通謀為虛偽結婚或收養而歸化取得中華民國國籍者，不受前項撤銷權行使期間之限制。

《國籍法》這樣的規定，主要是為了防止來台「假結婚、真ＸＸ」的情形，因此特別規定：今天只要是法院認證的假結婚、假收養，**內政部「隨時」可以收回當初對你核發的歸化許可**。姑且不論法院要如何認定結婚和收養的真假，試想，在《刑法》都訂有追訴期的情況下，當一個外國人因為行政程序上的不合規定，就可能要一輩子忍受行政機關隨時剝奪其在台身分，儘管可能基於移民政策的目的，然而使一個人在法律上的身分如此不安定，其手段與目的間的合理性不免讓人質疑。

假設今天外國人和台灣人結婚並申請歸化，經過了內政部許可，也乖乖地放棄原有國籍，卻不巧在日後因為夫妻感情不睦進入訴訟程序，被法院判決認定「吼～你們當初婚宴不夠正式，你們假結婚」，而被內政部撤銷歸化許可。那麼，因為當初申請歸化許可而放棄原國籍，如今歸化許可又被撤銷，這位外國人就可能因為我國《國籍法》的規定成為了「無國籍人」。

除此之外，因《國籍法》規定，須在出生時「父母不可考」或是「父母都沒有國籍」的情況下，出生的嬰兒才屬於我國籍。因此在台灣由移工、或者是非法拘留的媽媽所生下的小孩，就變成了俗稱的「**黑戶小孩**」。這樣的小朋友出生在台灣卻沒有身分，他們不能生病，因為不能享有健保；他們沒辦法上學，因為不是我國人所以不能享有義務教育。

二〇一七年我們增訂了《歸化國籍之高級專業人才認定標準》，希望可以吸引優秀人才來台灣，但在這些閃亮光環照射不到的地方，還有許多人，正因著我國的規範以及長期以來我們對特定地區、或者特定位階的人的偏見，在我們想像不到的地方找尋棲身之所。

不怕！強大的母國來搶救你了！

談外交保護

法白晚報　PLAIN LAW NEWS

2018年4月，台灣知名藝人夫妻檔孫鵬、狄鶯的兒子孫安佐於美國揚言要開槍掃射其就讀的美國高中，因此遭到逮捕。

此事件引起國內媒體高度關注，報導夫婦二人如何積極地解救兒子，也有不少名嘴在媒體上表示，台灣政府應出面協助救援。當然，也有不少國人將本案與李明哲案做比較。

2017年3月，台灣社運人士李明哲前往中國訪友後，就失去了聯絡，10日後國台辦才證實李因涉嫌危害國家安全遭到中國逮捕，不少國人也表示我國政府應積極介入，將李明哲救回台灣。

自己的國民被外國政府不友善對待時，母國是否可以給予國民援助呢？

類似又備受國人矚目的經驗，或許可以回顧二〇一三年五月，台籍漁船「廣大興二十八號」在台菲經濟海域重疊區域遭到菲律賓公務船開火攻擊，導致台籍船員死亡，船身受損。就此台灣政府積極要求菲律賓政府道歉、懲罰兇手、賠償損失，菲律賓政府確實也在台灣政府的施壓下，道歉、調查相關責任並賠償損失。

這就讓我們來聊聊國民和母國之間的關係，以及外交保護的問題。

國籍管轄和領域管轄的碰撞

上述例子涉及到兩國管轄權的問題。國家行使管轄權（也就是可以對一定的人事物行使權力）是主權的表現，而行使管轄的基礎必須有一定的合理連結。

除了廣大興二十八號是發生在台菲兩國經濟海域的重疊區外，孫姓藝人的兒子與李明哲都是在當地國家被政府（以下簡稱「東道國」）逮捕。而東道國行使的正是「領域管轄」，也就是國家對於自己領土內的任何事項行使管轄。因此，**東道國可以主張外**

國人違反在地的法律，而將外國人逮捕、審判、執行刑罰。打個比方，原則上我們可以對自己住家裡的大小事予以決定，例如要歡迎哪些客人來訪、拒絕哪些客人進門，甚至客人來了以後應該脫鞋、不可以在房間裡吃東西等等，都是屋主說的算。

而孫安佐與李明哲二人擁有我國國籍，因此我國對他們也擁有「國籍管轄」權，也就是**對於具有本國國籍的個人、法人或物，都可行使管轄，而不論該國人現在身在哪裡**。再打個比方，原則上我們可以對自己家的小孩進行管教，例如吃飯時不能邊吃邊講話、飯後應該要刷牙等等，因此即便小孩去別人家作客，我們也可以遠端遙控說「要有家教」。

以上說明，應該不難理解東道國對境內外國人、以及母國對海外國民行使管轄的基礎。只是也不難得知，**領域管轄及國籍管轄的強度差異**，我們可以要求客人遵守我們家的生活規矩（不然就趕客人出門），可是相較之下，我們很難要求遠在他鄉唸書的孩子依舊遵守家規（不然……不然我不給你零用錢！啊？你已經有在打工自己賺錢了？好吧，你不理我還真的對你沒輒了）。

也因為兩者強度有差，若兩者之間碰撞，雖然國際法並沒有規定孰先孰後，但是試想，如果爸媽規定小孩晚上洗完澡一定要大聲朗誦課文，但是阿公阿嬤規定一洗完澡就要關燈睡覺了，如果大聲吵鬧就會被打手心。那小孩去阿公阿嬤家洗完澡後，會不會再朗誦課文？可能礙於在阿公阿嬤家的規矩就不會了；如果小孩真的被打手心，爸爸媽媽也可以對阿公阿嬤抗議：「不要打我小孩！不然我就跟你拚命！」但**往往母國還是僅能用政治立場去要求東道國尊重母國的立場**。

舉個著名案例，一九九四年，一名美國籍的十八歲少年在新加坡破壞公物及私人車輛，被新加坡法院判處鞭刑，就此美國政府雖承認新加坡有權行使審判和刑罰，但認為青少年並不適於鞭刑，美國總統柯林頓也要求新加坡從寬處理，但新加坡依舊堅持自己的刑罰、並如期執行。

不過，並非東道國想做什麼就可以做什麼，也就像屋主不是想對客人怎樣就怎樣，如果屋主傷害客人，違反了法律，屋主還是會有法律責任；如果東道國對外國人有違反人權、人道或其他國際法的情形，依舊會被譴責。

外交保護要怎麼保護？

所謂的「外交保護」（diplomatic protection），**是指當其他國家政府對母國國民有不法侵害的情形**，因為對國民損害就等同於侵害到母國的主權（如上所述「不要打我小孩！不然我就跟你拚命！」），母國可以要求侵害行為的國家賠償。**外交保護的前提是國民受到東道國的不法侵害**，而「不法」侵害，可能是對待外國人的待遇遠遠不如相同情況下對待自己國民。常見的情況是，因為你是外國企業，所以就強制把你的財產國有化。不過如果東道國沒有差別待遇，對待外國人和對待自己國民都一樣很苛刻，該情況已經**顯有違反國際人權標準**的情況，外國人也可以主張外交保護。

孫安佐的案件，顯然美國在處罰違反美國《刑法》的行為（恐嚇或殺人的預備），並沒有因為他是外國人而給予比較差的待遇，因此恐怕台灣在此案要主張外交保護的空間就不大。

而李明哲案，**雖然中國本國國民本身也沒有太大的言論及政治思想自由，可能不**

完全是因為李明哲是台灣人才處罰他的行為，但李明哲受到處罰的罪名是否有違反人權、甚至李明哲被逮捕的司法程序是否妥適（沒有告知逮捕的情況下強迫消失），中國的行為是否屬於不法，恐怕是有爭執空間的。

而外交保護通常還有一個要件——「**用盡當地救濟**」（exhaustion of local remedies），也就是說國民要先在東道國的國內司法程序提出救濟，真的還是沒辦法實現正義，才能要求母國出面行使外交保護（如果孩子還是想念課文，應該先跟阿公阿嬤溝通，而不是直接叫爸爸媽媽出來吵架）。

不過在廣大興號案，我國認為菲律賓可能已經「拒絕正義」（denial of justice）了，也就是被害人家屬不可能透過當地司法獲得救濟，於是我國政府就直接跳出來和菲律賓談判，這也是外交保護上常見的現象。而**外交保護可以透過國際的爭端解決機制**（如聯合國的國際法院）來處理兩國之間的糾紛（原本是東道國和外國人的紛爭，演變成東道國和母國的紛爭），但更常見的是透過政治手段予以處理。

而好萊塢動作電影中常見，善良的美國人在獨裁國家落難，由男主角代表的美國政府趕緊前往搶救，這在現實生活中是否也可能發生呢？一名美國大學生前往北韓旅遊，卻遭北韓逮捕拘禁，他在二〇一七年六月獲釋後返回美國沒多久就過世了。所以，醒醒吧～電影看看就好，美國也沒有因此去攻打北韓啊！

不要問我從哪裡來，我的故鄉在遠方——

難民與難民法

法白晚報　PLAIN LAW NEWS

2015年9月的某天，土耳其的海岸不太一樣。

除了一如往常地迎接一波波的海浪，也有一名自海面而來的新訪客紅衣小男孩。活潑的浪花不斷翻攪、浪聲聒噪地叨絮不停，更突顯出俯躺於沙灘的男孩是那樣地沉靜，沉靜到連呼吸聲與心臟的鼓動都止息凍結了。

兩艘載著23名非法移民的小船從土耳其出發，欲前往希臘的科斯島，卻在出海後不幸翻覆，導致包括五名孩童在內的12人罹難。

小男孩就是這場意外的罹難者，海浪將他的遺體推送回了岸邊。

救援人員雙手輕輕地捧起這名男孩，男孩的永遠沉睡喚醒了許多歐洲國家、元首表態將積極面對長久以來的難民問題。

什麼是難民？國際社會怎麼看？

所謂的「難民」，白話的理解，**就是某人因為種族、宗教、政治立場等因素，繼續居於自己的國家可能因此受到危害，不得不離開到其他國土避難**。為什麼難民會是一個棘手的問題呢？在人權法下人民本身就有遷徙自由了，那為什麼還會產生難民問題呢？

在第二次世界大戰之前，就已經有許多平民因為戰爭或政治問題被迫遠走他鄉，如猶太人在十九世紀末就因被迫害而遷徙、二十世紀初期俄羅斯人因內戰而逃亡至歐洲，人數皆高達上百萬人。

國家聯盟因而開始發覺難民問題，並於一九三三年制定最早的難民公約，但當時各國對難民保護的意識不深，因此無法發揮實質的規範效果。然而在第二次世界大戰時，**許多面臨戰爭而逃難的人民大量湧入鄰近的其他國家，且涉及高度的人道問題，因此已不再是單一國家的內政問題了**，使國際社會開始重視難民議題。

聯合國於一九四六年成立了「國際難民組織」（International Refugee Organization, IRO），是為處理及安置因第二次世界大戰所生的難民問題而設置的暫時性組織，使各國理解難民問題是國際性事務，並關切難民的安置及遣返等事。

此組織原先的預設即是暫時性組織，原本應該在安置第二次世界大戰的難民後即告解散，但是難民問題卻並未隨大戰的結束而停止發生，因此聯合國大會於一九五〇年成立「**聯合國難民事務高級專員辦事處**」（簡稱「聯合國難民署」，Office of the UN High Commissioner for Refugees, UNHCR），承接國際難民組織的事務。聯合國難民署的目的是續行保護難民及解決難民問題，在當地政府或聯合國的要求下，難民署會對難民提供必要的援助。聯合國難民署更於一九五四年及一九八一年獲頒諾貝爾和平獎。

國際法對難民的規範

國際法並不承認外國人民有權得以自由進入他國領土或於其境內居住；原則上國家有權決定他國人民是否可以入境，當然也可以拒絕。也因此才會有所謂的「非法移民」，即「偷渡客」。不過，第二次世界大戰後的一九四八年《世界人權宣言》在第14條第1項規定：「**人人為避免迫害有權在他國尋求並享受庇身之所。**」指出被迫害的人民可以向其他國家尋求保護，也被視為對難民的保障。

而聯合國更於一九五一年通過專門用來處理難民問題的《**難民地位公約**》（簡稱「難民公約」，*Convention relating to the Status of Refugees*）。在公約的前言中指出，本公約係重申《世界人權宣言》確認人人享有基本權利和自由不受歧視的原則，以及「考慮到庇護權的給予可能使某些國家負荷過分的重擔，並且考慮到聯合國已經認識到這一問題的國際範圍和性質，因此，如果沒有國際合作，就不能對此問題達成滿意的解決」，**表示將透過國際的規範與高度因應難民問題**。

而《難民公約》第1條對難民的定義為一九五一年一月一日前因為種族、宗教、國籍、結社團體或政治思想等正當理由，而導致在原本國家將面臨受到危害的恐懼，離開國家、無法返回的對象。不過定義中強調難民遷徙的事由須是一九五一年一月一日《難民公約》制定以前發生的事情，應是特別因應第二次世界大戰所導致的難民潮所制定的條約。

不過在一九六七年，聯合國又通過了《難民議定書》，考量到《難民公約》通過以後，依舊發生許多新的難民現象，因此放寬了對難民的定義，不限於一九五一年一月一日之前發生。

國際法對於難民保護最重要的規範為「**禁止驅逐出境或遣返原則**」。在《難民公約》第33條規定，若一名難民進入締約國之國土，締約國原則上應給予庇護（asylum），不得將難民驅離或將他送返回母國或任何可能對他不利的國家；僅有在難民有侵害國家安全或公共秩序的情況下，才可以將其驅逐出境。

同樣的規範在《公民權利及政治權利國際公約》第15號一般性意見「公約所規定的外國人地位」中指出，公約不承認外國人得任意進入締約國的領土或在境內居住，締約國有權得以決定誰可以入境，但是在涉及不歧視、禁止非人道處育等情況下，外國人可以享有入境、甚至居住的權利保障。亦即肯認了難民入境的地位。

「難民不遣返」在美洲人權公約、歐洲基本權憲章及非洲訂立的「非洲難民問題管理公約」也有相關規定，已被視為國際習慣法，換句話說，**即便非難民公約或人權公約的締約國，也應該受此規範原則的拘束**。

不遣返難民或許不是最困難的問題，**真正困難的應該是不遣返之後所生的問題，即如何讓這群難民得以在自己的國土上生活**，例如應如何使難民享有居住、工作等權利，使《國際人權公約》所保障的權利亦得以落實在難民身上。《難民公約》除了使難民得以進入國土外，也規定締約國應給予難民如同一般外國人的待遇，並應保障其宗教自由、財產權、結社權、訴訟權、行動自由等基本權利；甚至應盡可能地提供難民房屋、教育、公共救濟，甚至使其入籍。

各國對待難民的困境

請大家試想，若隔壁鄰居的房子因為建商偷工減料、又因為地震而倒塌，慌張地跑來我們家避難，或許來一位，我們會很同情他的處境，請他喝喝茶、坐坐休息一下；

或許來兩位，我們還是會很同情地請他喝喝茶、坐坐休息一下；但是若鄰居屬於大家庭，一家十幾口全部跑來我們家避難，雖然還是很同情，但可能會對於這樣的負擔感到困擾，有茶來得及泡十人份嗎？家裡有那麼多張椅子嗎……

因此不難得知，各國對其境內的難民所負擔的成本不低，也**可能因為國內資源無法對難民盡到理想的照顧，進而衍生社會問題**。這也正是為什麼各國對於難民的處理都感到相當棘手，甚至有些人會排斥難民入境。

曾經有國家為了避免難民入境後就不能遣返他們，因此派船在海上阻撓企圖搭船登陸的難民。二〇一八年台灣更被國際媒體報導，澳洲因不願於境內照顧難民，將難民送來台灣接受醫療，引起國內外的討論。

相較於在大陸國家的難民遷徙，台灣也曾發生過來自東南亞、或從其他地方前來尋求庇護的難民。

一九五一年我國尚為聯合國成員時，曾簽署《難民公約》、亦於一九六七年簽署《難民議定書》。然而，之後我國離開聯合國而未成為正式締約國。我國呼籲制定「難民法」的聲浪已經有許多年了，**雖已擬定難民法草案，但是尚未正式通過立法**，在二〇一六年《經濟社會文化權利公約》第二次國家人權報告中，也點出台灣尚未制定難民法而需因應的移民問題。**立法，不是為了流行與潮流，而是符合規範的主流化**。在對難民保障已成為國際習慣法的情形下，我國自有遵從的義務，因此，將國際規範在國內予以落實、體現，實有其必要。

都一家人不要分那麼細（？）——
談兩岸國籍問題

法白晚報　PLAIN LAW NEWS

2016年，自稱「台獨剋星」的搞笑藝人黃安，舉報韓國知名女子團體TWICE中的台籍成員周子瑜曾公開高舉青天白日滿地紅旗，為台獨分子，周子瑜因此遭到如浪潮般的中國網友抨擊，所屬經紀公司在中國的演出也因此受到影響。

於是，經紀公司安排周子瑜發表道歉影片，聲明自己是中國人。

類似的畫面在2018年再度重演，知名台灣演員宋芸樺因曾經表示最喜歡的國家是台灣，被中國網友大力批判。

宋芸樺也趕緊公開聲明「我是中國人」，卻反而招來台灣網友的譴責。

許多公眾人物常常對於自己是中國人、是台灣人的議題特別敏感，也往往容易被兩岸網友放大檢視。面對如此敏感又難解的問題，我們應該要怎麼理解呢？而兩岸人民的國籍問題可以如何用法律來看呢？

兩岸政府之間的曖昧

要說明這個問題，我們要先回到過去。在一九四九年，因國共內戰而在一個國家內出現「兩個政府」，分別是中華民國及中華人民共和國，而國民政府遷移來台後，兩政府也很明確地各自擁有海峽兩岸領土範圍的治權。不過，雖然兩個政府之間的政權各自獨立，但**並沒有因此出現兩個國家**，**兩個政府都對外自稱是「中國」**，只是一個叫中華民國、一個叫中華人民共和國，而這在國際上也形成了「政府承認」的問題。

什麼是政府承認呢？也就是說，**國際社會間要選擇承認哪一個「政府」能代表國家**；在兩岸的問題上，就是國際社會要選擇承認哪一個政府能代表「中國」，是中華民國政府呢？還是中華人民共和國？

什麼意思呢？打個比喻，有一間名叫「中國」的公司，過去一直都是蔣先生當董事長，有一次董事長改選，毛先生以較高的票數獲選為董事長，但是蔣先生認為此次選舉有瑕疵，聲稱毛先生當選無效，對外仍然以中國公司的董事長自居，當然，毛先生也不甘示弱地自稱是公司董事長。於是，中國公司的董事長就鬧雙胞了。

就其他外人來看，「中國公司」仍然只有一間，並不是像其他公司內部鬧分家而另設立新公司的情況，毛先生並沒有要分出來開一家公司叫「新中國公司」、蔣先生也沒有因為選輸了就再另外成立一間「台灣公司」，只是在爭吵誰才是中國公司的真正負責人。這就是所謂的「一個中國政策」：這世界只有一個中國，一山不容二虎、一間公司不能有兩個董事長，因此一個中國當然只有一個負責人。

聯合國在一九七一年聯合國大會的２７５８號決議中，認定由中華人民共和國取代中華民國對中國在聯合國的代表權。延續上面的例子，有點像是經濟部商業登記處將公司負責人更改為毛先生，否定蔣先生可以代表中國公司。而這個決議也否定了兩岸關係與南北韓或過去的東西德模式，也就是說，中華民國已經不能代表「中國」，所以若要再加入聯合國的話，得個別以獨立國家的名義加入（也就是「公司分家」，出現兩間公司的概念）。

自此以後，中華民國就再也不是聯合國的一員，中華人民共和國才是中國在聯合國的代表政府。而之前媒體報導，台灣人拿中華民國的護照要參觀位於紐約的聯合國總部，遭到聯合國拒絕，就是因為中華民國並非聯合國的會員之故。

雖然聯合國的決議並未產生所有聯合國會員國集體承認的效果，但透過聯合國官方機構承認後的中華人民共和國，受到其他國家支持，紛紛選擇與中共政府建交。目前仍有部分的會員國選擇承認民國政府代表中國，也就是我國的友邦國家，只是近年邦交國的數量越來越少。

所以「中華民國」至今的外交策略原則上對外還是自稱「中國」，所以說，如果之後有演藝人員公開自稱「我是中國人」，我們可以先不用那麼激動，說不定愛國的他口中的中國可是「中華民國」呢！（算了，當作沒說。）

兩岸的人民與政府之間的關係

海峽兩岸的兩個政府分別獨立治理管轄範圍內的人民，而兩岸的國民都領有各政府的國籍、身分證、護照等等。

由於**我國政府目前仍是以中國自居，並不將對岸視為「外國」**、也不將大陸的人民視為「外國人」，我國政府與中共政府簽署的書面協定不被視為屬於國與國之間的「條約」、在中國大陸犯罪，也因大陸地區不屬於外國，仍然是在我國領域內犯罪，我國法院有管轄權。

一九九二年，民國政府正式承認兩岸分治的現實狀態，並增修憲法、通過《台灣地區及大陸地區人民關係條例》（簡稱「兩岸人民關係條例」），將「我國」分為「台灣地區」及「大陸地區」。而**因為兩岸關係處於形式上的敵對狀態，因此對於大陸人民在許多規定上，也有著不同於一般外國人待遇的特別限制**，如來台灣旅遊、投資台灣公司、購買不動產、繼承台灣人的遺產、申請台灣身分證等等事項。

以雙重國籍為例，我國法律並沒有規定國民可否在保有台灣國籍的同時又再取得他國的國籍；但《兩岸人民關係條例》第9條之1規定，台灣地區的國民不可以在大陸地區設有戶籍或領用大陸地區護照（有沒有發現此處是用「戶籍」，而不是「國籍」呢？），否則戶政機關將註銷國民在台灣的戶籍登記。而中共的《國籍法》也規定全面禁止雙重國籍，如中共的國民取得其他國籍，就自動喪失中共國籍。因此，人民無法同時擁有兩岸的國籍。不過在二〇一八年年中，中共實施「港澳台居民居住證」，台灣居民可在不放棄台灣戶籍、具有大陸戶籍的情況下申請居住證。因居住證上的號碼與中國大陸身分證相同共十八碼，不少論點認為，大陸政府此舉將台灣人民視為某種程度的國民。

而大陸人來台後，經過定居、取得長期居留權、設籍並可申請台灣身分證、護照，已經可以視為台灣的公民，還可以參與選舉投票。不過依照《兩岸人民關係條例》第21條的規定，還是必須在設籍經過一定時間後，才能取得登記公職候選人、擔任公教或公營事業機構人員，以及組織政黨、情報機關或國防機關的人員。

剪不斷理還亂

兩岸關係複雜難解，但說到兩岸的國籍問題，我們還是必須回到法律規定上來討論。簡單來說，**法律上兩岸都不把彼此的國民當成外國人，只是當成「沒有戶籍」的本國人**。但這個戶籍的本國人，也都尚未取得對岸的國籍，兩岸國民彼此要入境時都不是使用護照，而是使用台灣居民往來大陸通行證，以及中華民國台灣地區入出境許可證。

舉例來說，我們若要出發到對岸，會先拿著護照出境，但在對岸的機場入境時，便要拿台灣居民往來大陸通行證入境。必須手持兩種證件，才能成功出國入境對岸。

兩岸關係複雜的程度在國際法上可說是前無古人、後無來者，但這難解的習題到底應該如何處理，實在不是馬上可以坐下來好好談的。總而言之，兩岸人民在現行的法律規定上，的確都不將彼此視為外國人，但說來奇妙的是，彼此也都不把對方視為自己國民。

就是因為不把你當國民，所以才給你國民待遇

法白晚報　PLAIN LAW NEWS

2017年初，外傳北京將給予台灣人民「國民待遇」，讓台灣人民在中國能享有更多的福利以及權益。據聞，包括了卡式台胞證可以更為方便地購買車票、進出車站，入境中國時也不用再受限住於涉外旅館（北京除外），而在大陸的台灣學生，也可能被允許申請學校獎學金。

消息一出，台灣許多人均表達反對立場，原因不外乎是認為「國民待遇」會讓台灣人成為中國國民，社會輿論反對台灣人民成為中國人。大部分的反對意見都指出，北京此舉，是要將台灣人民認作是自己的國民，北京要給予我們「國民待遇」，就是要將台灣人併入為「中國國民」、而我們若接受國民待遇，就會成為中國國民。

然而國民待遇究竟是什麼？真的會因為別的國家給我們國民待遇，就讓我們成為該國家的國民嗎？

國民待遇是什麼？

國民待遇（National Treatment）是**指國家之間透過彼此互相讓利的方式，讓對方國民在特定事項上享有與自己國民相同的待遇**。例如台灣讓美國進口的牛肉適用台灣本土牛肉所適用的法規，而不另外再區別讓美國牛肉適用比較嚴格的法規。

通常國家對於外國人民與本國人民本來就會有差別待遇，因此外國產品或是服務進入當地後，通常當地政府都會適用不同的法規用以區別本國產品以及外國產品，原因不外乎是自己國民有納稅，並且基於國家情感出發，無論是在社會保險上或是相關產品的稅徵義務，都可以看得出政府保護自己國民的心態。

因此，國民待遇原則適用的是外國的產品或是服務，通常各國政府沒有義務要給予外國人與外國產品國民待遇。**國民待遇的授予是會透過「條約」以及「互惠」的方式達成**。

也就是說，**雙方國家會透過締結條約的方式，在條約內文中約定，彼此要給予對方國民可能是在貨品、服務或是權利上有國民待遇**。然而，中國若是單方授予我國人民國民待遇的話，這又將是另一個問題了。通常會透過條約的方式來規定國民待遇，是因為怕對方會反悔，反悔時還有個白紙黑字的文件可以拿出來說：「欸欸欸你破壞了我跟你的約定了！」所以在違反約定的責任上，條約當事國可以請求像是民事責任違反的賠償。

國民待遇用在哪裡？

國民待遇可以適用在許多不同層面上，**舉凡國際貿易法或是人權、國際投資事項，都有國民待遇的存在**。通常大家在說到國民待遇的時候，都是在指世界貿易組織（World Trade Organization, WTO）下的國民待遇原則。

為了方便外國人民或是外國貨品、服務的流通，國家之間可能會透過特約承諾的方式，答應在特定事項或是特定品項下，外國人民會享有與本國國民相同的待遇。例如一九九四年的《關稅暨貿易總協定》第3條便指出，國家應對於進口到自己國家內的產品，給予不低於本國產品的待遇。

簡單來說，就是國家在課稅以及法規上，對於進口產品應該要給予與國內產品平等的待遇，課予國內產品多少稅，就應該要課外國產品平等的稅，不能因為是外國產品就有不平等的措施。

國民待遇**若適用在「人」，則是要求國家在特定事項要平等對待外國人民與本國人民**。例如一九五一年聯合國《難民地位公約》第16條便規定，難民若要使用當地國法院，則當地國應該給予難民與本國人相同的訴訟相關權利。

所以國民待遇其實正是因為不把你當國民，所以才更要特別給你「國民待遇」這個優惠。如果一開始就把你當國民的話，其實就不需要再特別給你國民待遇了，而是會直接與所有國民適用一樣的法規或是相同的法律待遇。

身為WTO會員，其他國家早就給我們國民待遇了

在WTO之下，國民待遇原則是加入後的國家都要適用的規則。台灣以台澎金馬獨立關稅領域在二〇〇一年加入WTO；中國也在同年，早我們三天加入WTO。一旦加入WTO，各會員國都必須要遵守相關義務，也就是說對於相關的進口產品、服務以及智慧財產權相關事項，都要給予其他國家國民待遇。

在法規或是稅收上都必須給予外國產品以及本國產品相同的權利以及義務，尤其在關稅上，不能多課外國產品不合理的稅收。而**台灣與中國在加入WTO之後，因為都是WTO會員國的關係，本來在進出口產品上就要給予彼此國民待遇了，並且也行之有年，中國與台灣之間早就有貨物及服務上互惠的國民待遇往來**。當我們在討論要不要接受中國的國民待遇時，我們應該先想想現今的狀況是否有所不同？

無獨有偶地，其他WTO會員國也早就給我們的出口物品或是服務國民待遇，所以國民待遇早在台灣加入WTO的那年起就一直存在了，並不是什麼嶄新的概念。

國民待遇的對象是歪果人

從上述的說明可以得知，**國民待遇並不是真的就把你當成國民，反之，正是不把你當自己國民看，才要給你國民待遇**。中國即使要給台灣人民「國民待遇」，也不一定會將台灣人民和中國國民畫上等號，原因在於，國民待遇是國家給予「外國人民」的優惠待遇，而不是給予本國人民的。若中國給予台灣人民國民待遇，不正是意味著中國將台灣人民視為「非中國國民」嗎？

進一步說明，**若台灣欣然接受了中國給予的國民待遇，那也表態了我國與中國正是不同的主體，因此才會透過國民待遇的方式來特別給予我國人民優惠**。若中國要大方地給予台灣人民國民待遇，讓台灣人民在中國可以更暢行無阻，卻又不會減損我國國格以及我國人民利益，在這種情況下我國應如何表態，似乎可以好好討論一番。

反之，若中國將我國人民視為其自己的國內居民，也無需提出要給予台灣人「國民待遇」的假議題，大可將台灣人民納入其一般法律規定，讓我們適用一般法律、享有相同權利及義務、取消台胞證廣發中國身分證，這才是真的將我國人民視為其自己人民的做法，而不用再提出要給台灣人民「國民待遇」這種間接的方式。

國民待遇並不是賦予國籍，我們仍然是台灣人，我們並不會因為國民待遇就取得中國的國籍。國民待遇的前提就是認定你「不是我國人」，所以才會特別給你國民待遇喔！

打官司別冊

厲害了你的法！

法庭裡的人事物

一般人對英國法庭人員的印象，是帶著浮誇假髮；香港受英國殖民影響，至今在法庭上法官及大律師仍配戴假髮；對日本律師的印象則是在領口配戴徽章。那麼，大家有注意過台灣法官和律師的穿搭嗎？

法庭裡怎麼分辨誰是誰？

在台灣法庭上，除了法官和律師外，不同職位的人員也有不同的穿著規定，**主要是透過法袍的顏色區分**。而法袍上的顏色所代表的意涵，至今並沒有一個較確切的說法，但似乎可以從其職位之職責，進而推敲出顏色背後的象徵性意涵。

首先，不論是法官、檢察官、公設辯護人、律師還是書記官的法袍，都是黑色的。另外，在領口、袖口及對襟鑲邊，還規定了邊寬是十二公分（好細緻），而各個職務的制服鑲邊顏色不同。

法官平時所穿的法袍是黑袍鑲**藍邊**，藍色用來代表法官，可能意味著法官手握判決結果的生殺大權，因此在審判上更須追求公正、公平。而藍色在另一方面也代表著天空，同時隱含著法官的影響力就如同蒼天，必須謹慎為之。

檢察官所穿著的是黑袍鑲**紫邊**，紫色代表的是懺悔，檢察官代表國家追訴犯罪，希望被告可以勇於面對自己所犯下的罪行，並深深懺悔自己曾經的過錯。

律師所穿著的法袍是黑袍鑲**白邊**，白色則代表著忠誠、勝利、和平、潔白。由於律師在法庭上負責幫當事人進行辯護，因此用白色象徵律師的立場是忠誠潔白，為自己的當事人謀求最有利的辯護。

書記官穿的法袍是黑袍鑲**黑邊**，黑色則代表著紀錄。由於書記官在法庭上主要職責是記錄統整法庭上的經過，將法官、原告、被告等曾經說過的話，全部記錄於本子上。也有一說是早期書記官必須以墨水來記載內容，手常常被墨水沾黑，因而選用黑邊。

公設辯護人穿著的法袍是黑袍鑲**綠邊**。較為幽默的說法是由於需要公設辯護的案子過多，使他們忙於工作，每天都有許多案子，讓公設辯護人的臉都綠了。

而在智慧財產法院中，辦理專利訴願或是專利訴訟的時候，專利師可以出庭辯論，因此在訴訟中也可以看到專利師穿著黑底鑲**黃邊**的法袍。

大法官穿的法袍跟前面的不太相同，是黑色長袍著**心形領**，外罩**紫紅色披肩**。

法院裡也有「道長」？

說到道長，你可能聯想到由「永遠的道長」林正英所演出的一系列電影中的角色——殭屍叔叔。在劇中面對可怕的殭屍，除了用糯米丟他們，或是捏住鼻子暫時停止呼吸自保外，主要還是得靠道長用各種茅山法術來收拾殭屍。但是你知道嗎？除了殭屍電影裡面存在著道長，在法院也常會遇到喔！

當你在法院聽到「道長」時，先別急著害怕，不會有殭屍跑出來。道長，其實是**律師之間彼此的稱呼**。例如律師座談會的主席致詞時，通常會說：「ＸＸＸ主任檢察官、各位律師**道長**、各位庭長、法官、各位同任，歡迎你們的蒞臨。」來介紹大家。

在漢語中，「律師」原本是指像佛教中**精通律藏的出家僧人**，或者像道教中**精通戒律的道士**。而現今律師則代表著一群學習過專業法學教育，並通過國家考試的專業人員。不過，至今律師界仍常聽到稱呼同業為道長，這個稱謂到目前為止沒有人知道確切的由來。有一說為律師是維護人權法治的同道中人，所以互稱道長；也有人說因為律師袍穿起來很像道士在做法，所以彼此戲稱為道長。但到底原因是什麼呢？至今沒人知道。

有一個比較不可思議的說法是，有位律師在查資料時看到了一段文字：「《唐六典》曰道士修行有三號：其一曰法師，其二曰威儀師，其三曰律師。」從此就戲稱他的同事們為「道長」，而今台灣所有律師皆以「道長」互稱，只能說這位律師的影響力好大！

律師的其他稱呼還有很多，好比說周星馳的《威龍闖天關》，律師在古代叫做「訟師」；而在日本叫做「弁護士」（bengoshi）；英文則除了大家比較熟悉的 Lawyer 外，還有 Attoney-at-law 這樣更精確的說法，因為 Lawyer 其實除了可以指**律師**，也可以泛指**所有法律人**。（看法白還可以學外語，多棒啊！）

此外，在現實生活中，還真的有律師退休後當起道長，「穿上法袍是法律人，講的是法理情；穿上道袍，卻是情理法才能圓滿。」擔任十年法官、二十年律師的吳振東，每週六下午在員山鄉廣成宮化身濟公為信眾「祭解」、「淨身」，並提供法律諮詢。

談論了這麼多律師的別名，平衡報導一下，不知道大家有沒有聽過「推事」呢？或許有人以為，**推事是法官早期的稱呼，是為當事人推敲事理以排解紛爭，根據證據「推斷事實」之意**。這個稱呼年代久遠，似乎來自於清朝舊律，而也因為這樣的稱呼，使得過去判決不符民眾期待時，常被戲稱為「一推了事」。

不過，「推事」這個詞，至今仍是會出現在法條裡的法律用語！目前最少有八部法律內含了「推事」這個詞，常見的如《刑事訴訟法》，裡頭也都還有將法官稱為「推事」的條文：《刑事訴訟法》第18條：「當事人遇有左列情形之一者，得聲請『推事』迴避：一、『推事』有前條情形而不自行迴避者。」是不是很不可思議呢？其實像這樣過氣的用語，現行法條裡還很多，所以說：立法機關，醒醒吧！

有冤屈一定要按鈴才能申告？

冤枉啊~~大人！

古時候人們如果有了冤屈，就要鼓起勇氣走到衙門口**擊鼓鳴冤**，據說此習俗是從劉邦開始的：為便百姓告狀，劉邦命各級官署大門必須置**一鼓一鐘**，並規定鐘鼓一響，官必上堂，藉以顯示便民、德政。筆者不確定這樣的說法是否經過考據，不過《**史記**》和《**大戴禮記**》確實記載了當時政府設有**敢諫之鼓**，可見擊鼓鳴冤制度源遠流長。到了今日，追訴犯罪、實現正義的工作則從縣太爺變成檢察官，放在官府門口的大鼓則隨著時代進步變成小小的**電鈴**。

《**刑事訴訟法**》規定，犯罪被害人如果希望檢察官為他主持正義，可以提出告訴；至於任何人如果知道可能存在的犯罪事實，則提出告發。不過其實**今日要到地檢署申冤**，

直接走入大門到收發室遞交書狀即可，在網路上也可以下載到司法院提供的告訴狀以及告發狀範本。那**申告鈴**到底是要幹嘛的呢？

其實申告鈴最早是要提供給**不識字的民眾**，或者是**不知道怎麼寫書狀的民眾**使用的。根據法務部制定的《**檢察機關申告鈴使用須知**》規定，一旦人民按了申告鈴，值日檢察官就要立刻帶著書記官開庭為民眾做筆錄，以完成告訴、告發。

不過，現在教育比以前更加普及，民眾大多識字，要告狀前多半也會**請教律師或法扶**等法律專業人士，多半會自行備妥書狀，使得申告鈴使用的機會變少，**讓按申告鈴給人「作秀」的印象**。

今天就講到這邊，記得沒事別亂按申告鈴，因為按了就要做完筆錄才能走，如果進去亂講話不小心變成誣告，可是會害自己吃上官司的喔！

什麼?!所有犯罪其實都可以提起公訴？

在刑事案件中，我們常常聽到某罪是「告訴乃論」，所以加害人只要取得被害人諒解，就有機會免去牢獄之災；但若是加害人涉嫌犯下的是「**公訴罪**」，一旦被檢察官知道後就**沒救，一定會被告到死了**。言下之意似乎是：「只要是告訴乃論罪，就不是公訴罪了（?!）」其實，在法律人的世界裡，並不是這樣分類的。

首先需要釐清的是，與告訴乃論罪相對的是「非告訴乃論罪」，而不是公訴罪！

刑事訴訟是怎麼發起的呢？

要解決這個問題，我們先來了解一下刑事訴訟流程，其中主要可分為**偵查**、**起訴**、**審判**及**執行**這四個階段。

在偵查階段由檢察官指揮司法警察以及司法警察官調查證據。根據《刑事訴訟法》的規定，檢察官只要知悉有犯罪嫌疑，就可以展開偵查程序。因此，不論是被害者直接登門告訴、告發，或是檢察官看報紙才發現疑似有犯罪情事，檢察官都可以主動開始偵查案件！

而檢察官完成偵查後，如果依據偵查階段所調查的證據，足以認為被告有犯罪嫌疑，檢察官就必須起訴，接著就會進入法院的審判程序之中。如果法官也認為證據足以證明被告的犯罪事實，就會做成有罪判決，內容可能是死刑、有期或無期徒刑、拘役或罰金等，並交由檢察官來執行判決。

我們試著從前面的刑事程序中觀察檢察官在刑事訴訟程序中做的事情，可以發現到，檢察官所扮演的是「**代表國家追訴犯罪**」的角色，佐以《刑事訴訟法》第251條第1項「檢察官依偵查所得之證據，足認被告有犯罪嫌疑者，應提起公訴」的規定，**只要檢察官依職權提起訴訟都叫做「公訴」**。

因為檢察官是代表國家追訴犯罪，所以稱為「公訴」；與之相對的則是「自訴」。我國也允許被害人自行搜集證據、追訴犯罪，此時刑事訴訟程序並不是由檢察官代表國家開啟，而是被害人自行提起，因而稱為自訴。

告訴乃論罪，告不告由你決定！

那什麼是「告訴乃論之罪」呢？如果我們翻開刑法法典，常常會看到「本章之罪，須告訴乃論」、「第ＸＸＸ條、第ＸＸＸ至第ＸＸＸ條之罪，須告訴乃論」的規定，表示**這些犯罪必須在被害者向檢察官或司法警察官提出告訴，用以表明他有追訴犯罪的意思後，檢察官才能起訴加害人。**而這時候雖然起訴的是「告訴乃論之罪」，但檢察官仍然是代表國家追訴犯罪，因此假設起訴了非告訴乃論之罪，提起的依舊稱作「公訴」。

由於某些犯罪對於社會秩序的影響並沒有那麼重大，加上犯罪者與被害人之間，具有特殊的身分關係（如直系血親、配偶或同財共居親屬間發生的竊盜），為避免規定國家一律起訴這些犯罪，導致被害人和加害人間的關係再也無法修復，因此設下告訴乃論的規定，**讓被害人自己來決定是否交由檢察官追訴犯罪**。

換言之，檢察官可以針對所有犯罪提起公訴，因此法律人只會將犯罪分為「告訴乃論之罪」以及「非告訴乃論之罪」，不會分成「告訴乃論之罪」以及「公訴罪」。

因此，如前面所提到的，告訴乃論與公訴根本就不是**相對應**的概念；與「公訴」相對應的是「自訴」，而自訴，只能由被害者提起。

雙方談和解，配偶及法定代理人缺一不可

另外，必須注意的是，按照《刑事訴訟法》的規定，除了被害人以外，被害人的配偶和法定代理人也是擁有告訴權的人，而且可以獨立提出告訴，不需要被害人的同意。

所以，在這邊要提醒大家，當加害人在和被害人談和解、希望被害人不要提出告訴時，也要**請被害人配偶及法定代理人一同在場協商**，否則就可能出現被害人已經同意不提出告訴，但被害人的太太／先生或媽媽／爸爸還是跑去提出告訴，這下子犯罪者與被害人前面所談的就功虧一簣，還是得繼續跑法院啦！

簡單來說，所有檢察官的起訴都是公訴，一旦有人犯罪，檢察官都可以代表國家提起公訴；但在起訴之前，檢察官必須區分被告所犯的是否為告訴乃論之罪，如果加害人所犯下的是告訴乃論之罪，檢察官則必須在被害人或被害人配偶、法定代理人等人提出告訴後，才能提起公訴。但如果今天被害人要自己提起訴訟，也就是提起自訴的話，則是不區分是不是告訴乃論之罪，被害人都可以提起自訴。

打官司要錢？沒錢怎麼辦？

大家都知道，打官司很花時間，而基於「使用者付費」原則，打官司也是要花錢的！

除了刑事案件當事人向檢察署提起刑事告訴不需要繳費外，不論是民事訴訟還是行政訴訟，**法院在開始審理之前，都會要求當事人繳納訴訟費用**。那訴訟費用應該繳納多少呢？可以叫對方付嗎？如果沒有錢繳的話，還可以打官司嗎？

案號有個「補」字？等待繳費中啦！

一般來說，原告送起訴狀進法院後，如果沒有同時先繳納費用，法院會先開一個臨時性的補字案號（「案號」是指專屬這個訴訟案件的代號），也就是案號當中有一個「補」字，例如「一一〇八年度**補**字第一號」，也就是需要補件後才能繼續進行的訴訟案件。等到原告繳完費後，會再重新給一個新的案號，例如「一〇八年度訴字第一號」，案件才會被分配到法官那裡，開啟之後的審判程序。

所以，如果送起訴狀進法院的同時就一併繳費，會縮短法院程序審查的期間；相對的，如果事先不知道要繳多少錢，也可以等到法院寄發補繳裁判費的通知、裁定後，再依照上面的金額繳納。

訴訟費用可以在法院的收費處繳納。目前許多法院在寄發補繳裁判費通知的信件當中，也會提供繳費條碼，讓民眾可以直接在附近的郵局、銀行或便利商店繳納，就不需要再親自跑法院一趟了。

我們法院見！可是……訴訟費用怎麼算？

訴訟費用的金額會因為不同的訴訟種類而有差異。

民事訴訟部分，可主要區分為「**因財產權起訴**」和「**非因財產權起訴**」的案件類型。「因財產權起訴」的案件是指在訴訟中原告**要求被告交付一定金額或財產**，例如要求因為車禍發生的修繕費、因雇主不當解雇的資遣費、返還被他人占用的土地等等。「非因財產權起訴」則相反，不是被告須要交付東西給原告，常見的如確認股東會決議無效、裁判離婚等等訴訟。

因財產權起訴案件，要**先確定請求財產的價值後，才能計算出訴訟費用的金額**。如果原告要求被告給付的是「新台幣ＸＸＸ元整」，那就可以直接用「ＸＸＸ元」的金額計算訴訟費用；但如果原告請求的是金錢以外的財產，例如土地、房屋、黃金等等，就要計算原告起訴當時這些項目相當的金額價值，以土地為例，法院通常是以公告土地現值計算。

⊙司法院網站目前有因財產權起訴的訴訟費用試算頁面。

⊙非因財產權起訴的案件，第一審的費用目前為三千元、第二審及第三審的費用是四千五百元。詳細金額可以參考司法院網站。

⊙行政訴訟費用的部分，可以參考「行政訴訟裁判費徵收標準」。

訴訟費用可以要求對方付嗎？

前面提到過，原則上原告起訴後必須繳納訴訟費用，法院才會開始審理。而通常原告在訴之聲明當中，會主張「訴訟費用由被告負擔」，也就是**未來如果原告勝訴了，可以要求被告支付原告起訴時先繳納的訴訟費用**。

至於原告在訴訟過程當中，可不可以要求被告賠償原告因往返法院的交通費、請律師的費用等等的相關支出呢？目前的實務見解認為，民事訴訟只有在法律有規定強制律師代理（當事人一定要委任律師）的第三審案件，才可以要求對方支付律師費，其他因為訴訟的花費，**因為不是法律規定的必要支出，所以恐怕不容易要求對方負擔**。

沒有錢就不能打官司嗎？

如果有打官司的必要，但手頭真的沒錢繳納，難道就竇娥冤啊～真的求助無門嗎？

法律是**人性化**的，這種情況下，《民事訴訟法》第１０７條第一項規定原告可以寫「**民事聲請訴訟救助狀**」，向法官聲請准許「訴訟救助」。在訴訟救助聲請狀中，原告要向法院說明本案的訴之聲明及原因事實，以及無資力支出訴訟費用。

若法官認定原告的主張不是完全沒有勝算，就可以讓原告暫時先不用繳納費用。將來如果原告勝訴了，那訴訟費用當然就由被告支付；但是如果原告最終還是輸了，那就還是要負擔訴訟費用，即便當初法院已核准了訴訟救助的聲請。

不會打官司？法律扶助制度來護駕！

在前面我們提到了打官司時會產生訴訟費用，而除了訴訟費用外，當然還需要知道自己在法律上可以做什麼樣的主張、程序該怎麼走，這樣耗費時間、勞力的事，**沒錢請律師怎麼辦呢？**訴訟制度作為一個救濟，或者說是解決紛爭的程序，但沒有經濟能力負擔訴訟成本的人，就無法透過制度解決問題，導致許多民眾面對爭議時，對訴訟敬而遠之。因此，一九九九年的全國司改會議提出推動「**法律扶助法**」，幫助解決弱勢民眾的法律問題。

讓《法律扶助法》來保障你的訴訟權！

一般人想到法律都覺得博大精深、抽象難懂，而且隨著時間演進，法律不斷修正，訴訟制度也日趨複雜，**法律服務形成一種特殊的專業供給，進而衍生了相當金額的諮詢**

及裁判費用。民眾往往擔心此筆預算將排擠其他生活支出，或嫌過程太麻煩，因而放棄向法院主張權利保護或尋找適當訴訟代理人的念頭，無形中喪失許多保護自身利益的機會，即便受到損害也不願提起訴訟；或僅靠自己出庭，卻只能眼睜睜看著攻擊防禦能力明顯比不上對方律師，使得權利規定形同虛設。

為了突破權利保障面臨的困境，政府希望能夠透過制度設計來改變，於是在二〇〇四年通過了《**法律扶助法**》，希望藉由民間代表組成具備強烈公益色彩的「**財團法人法律扶助基金會**」，**負責約聘或指定律師擔任法律扶助工作，並委託適當專業人士或機構擔任諮詢工作**，由政府提供報酬，為有需求的人民給付法律服務（出人出錢），落實憲法以降的法令對人民各項權利，尤其是**訴訟權**的保障。

我可以獲得哪些法律協助？

法律扶助的範圍在大部分律師所招攬的業務當中都有，包含訴訟、非訟、仲裁及其他事件之**代理**、**辯護**或**輔佐**；調解、和解之**代理**、法律文件**撰擬**、法律**諮詢**，以及其他法律事務上必要之**服務及費用或經基金會決議的事項**。

可以看得出來，扶助的範圍可謂包山包海，無論是否進法院，一切人民所需要的法律服務及相關費用支出，都可以是法律扶助的範圍，這樣的措施，也可望大幅**降低人民對於法律服務使用的排斥感**，提升對自身權益保障的動機。

誰可以申請法律扶助呢？

基於法律扶助之目的，舊法原來只允許中低收入戶可直接獲得法律扶助而不用審查其經濟能力（資力），但是考量社會上存在許多特殊境遇家庭，其經濟情況雖不符合中低收入戶規定，但仍難以自力聘請律師進行司法程序。因此，《法律扶助法》在二〇一五年時做了修正，擴大了可以申請法律扶助的對象，加入**特殊境遇家庭**、**債務清理之債務人**、**外勞人士及外籍配偶**。其中特殊境遇家庭則包含獨居之人、遭配偶遺棄之人、家暴、未婚懷孕婦女、單親家庭、隔代教養家庭、生活發生重大變故之家庭等。

另外，由於一般國人不諳法律，若使其獨自面對刑事程序，常因不知如何應對，可能會在警察或檢察官面前講錯話，甚至當檢察官、法官以不合法的方式進行司法程序時，國人更可能因欠缺法律知識及經驗，無法即時提出救濟，最終損害自身權益。

因此，除涉嫌犯本刑三年以上之罪的人，**新法特別加入原住民以及精神障礙人士：只要涉入刑事程序，不分涉案犯罪為何，都可以申請法律扶助**。且不僅在審判程序可以請求法律扶助，更能請求法扶律師陪同參與檢察官、司法警察等偵查程序，以免因不諳法律做出不當陳述，導致冤獄或損害自身權益。而在少年事或是其他法院認為有必要選任辯護人、代理人、輔佐人，或是重大公益、社會矚目的案件等，經過基金會決議也可以申請扶助。

值得一提的是，**外國人**只要符合一定條件，也可以申請法律扶助，例如因不可歸責於己之事由而喪失居留權，或是人口販運案件之被害人、或疑似被害人，都可以申請法律扶助。要注意的是，外國人申請仍然要符合前面所提到的申請資格：**經濟困境或其他情形的要件**。但**從事工廠體力型工作或家庭勞動型之外籍人士**，多半生活不易，所以依照第13條第3項及《就業服務法》第46條規定，經切結後直接**推定**為**無資力**，可以不審查資力，直接享有法律扶助。

哪些費用可以申請法律扶助？

打官司要支出的費用分為三種：**律師酬金**、**裁判費**、**訴訟必要費用**。裁判費是繳納給法院的費用。換句話說，打官司不是免費的：原告起訴後，法院會按照《民事訴訟法》之規定，根據原告起訴的事由以及請求的財產價值定出本次訴訟的訴訟費用。訴訟必要費用則是聲請費、執行費、證人日費旅費、鑑定費、政府規費、借提費等經法院裁定須支出之費用。裁判費及訴訟必要費用雖然通常由敗訴的一方負擔，但是實務上法院不會先幫當事人墊錢，而是**會叫原告先行墊付**。

申請人所需負擔的費用，須視法律扶助基金會給予的扶助屬於「全部扶助」或「部分扶助」來判斷。**按照《法律扶助法》第31條規定，中低收入戶及特殊境遇家庭應獲得全部扶助**。其他則按照「財團法人法律扶助基金會 申請人分擔酬金及費用審查辦法」、「受法律扶助者無資力認定標準」之規定給予部分扶助。

也就是說，只有經法扶基金會審查後給予「全部扶助」的申請人，才能完全免除律師酬金及裁判費、訴訟必要費用。若是法扶基金會經審查後給予「部分扶助」，申請人仍必須分擔整體費用的二分之一至三分之一的費用；法扶基金會也可以依照不同情形給予不同的扶助比例。**如果申請法律扶助的當事人最後敗訴了，法扶基金會不扶助部分的裁判費，須由當事人自行負擔**。

至於裁判費與訴訟必要費用，經濟弱勢的民眾可以透過訴訟救助的方式，請求法院協助。

扶助該怎麼申請，對申請結果不服怎麼辦？

申請者可以言詞或書狀，向各地方法院轄區所設的法扶分會提出申請。但有審就有駁，又或相關補助不甚滿意，就法扶分會的「審查決定」應如何處理呢？如果申請人、受扶助人不服分會審查委員會的決定，可以**在收受決定書後的三十天內，以言詞或書面附具理由向基金會申請覆議**，而在經過一次的救濟機會之後，對於覆議的決定，就不能再聲明不服了（這個沒有三級三審啦）。

最後也要注意的是，有些事項本來就不在法律扶助的範疇內，好比說同一個案子已經接受過法律扶助、或是你已經有選任律師、訴訟進行在國外等等，建議在申請時參考法扶網站，上面有詳盡的說明喔！（參考網址：http://www.laf.org.tw）

法院好多間，吉人去哪間？

現代人若是有紛爭，經常會脫口而出「我要吉死你！咱們法院見！」但全台法院那麼多間，想吉人該去哪間呢？先從審級制度說起，所謂的法院，在一般的民、刑案件中，**依照審級劃分依序為地方法院、高等法院和最高法院**，原則上採三級三審制；在行政訴訟中則採行三級二審制，除了高等行政法院、最高行政法院外，在地方法院設置行政訴訟庭，辦理簡易訴訟程序，亦即交通裁決事件的訴訟程序。一下子說出那麼多法院，搞得有點複雜，到底台灣有多少間法院，想吉人要去哪間呢？

台灣到底有多少間法院？

目前全台由南到北加上外島，一共有三十五間法院。此外，為了應付漸趨多元及專業的訴訟，司法院也開始設置專門處理特定紛爭的法院。目前這類型的法院有智慧財產法院、台灣高雄少年及家事法院。

與智慧財產有關的《專利法》、《商標法》、《著作權法》、《營業秘密法》、《光碟管理條例》、《積體電路布局保護法》、《植物品種及種苗法》或《公平交易法》所保護之**智財權益所生的相關案件**，無論是民事、刑事以及行政訴訟案件的審判實務，都歸智慧財產法院管，而這麼做是為了妥善處理智慧財產案件（實在太專業），促進國家科技與經濟發展（《智慧財產組織法》第1條立法目的，實際上有沒有促進不知道XD）。位在新北市板橋區的**智慧財產法院**，於二〇〇八年成立，地點在新板特區板橋車站樓上，是少數沒有自己一棟、但樓下就有捷運、台鐵及高鐵站的超方便法院。

另外一間處理專門案件類別的法院，是為了**處理未成年人及家事相關案件**，保障未成年人健全地自我成長、妥適處理家事紛爭而設立，是位在高雄市楠梓區的**少年及家事法院**，原本為少年法院，於二〇一二年時改制為台灣高雄少年及家事法院。雖然目前只有高雄有專門的少家法院，但在未設有少家法院的地區，仍會由地方法院的少年法庭、家事法庭辦理少家案件。順帶一提，家事法院通常都很貼心，原被告桌上都有一盒衛生紙呢！

智財法院處理的有一、二審的民事訴訟、行政訴訟、強制執行事件，以及上訴或抗告的刑事案件；少家法院處理的則是第一審少年及家事事件。因此前者所對應到的審級是高等法院；後者所對應到的則是地方法院。

值得一提的是，前面兩個法院都是在處理專門類別的案件，那如果是智慧財產案件，同時也牽涉到少年案件該怎麼辦呢？針對這個問題，《智慧財產法院組織法》規定，如果是涉及《刑法》、《商標法》、《著作權法》、《營業秘密法》等與智慧財產有關而上訴、抗告（也就是上訴到二審的刑事案件）且涉及少年刑事案件，因為在刑事案件中保障青少年身心健全也很重要，就不會一定要由智慧財產法院管轄。要注意的是，因為這邊智財法院所說的是「刑事二審」案件，所以說不由智財法院管轄的話，也是要由高等法院管轄，而不是屬於第一審級的少家法院。

此外，與以上管轄專業案件類別的法院以及其他普通法院、行政法院同樣被歸類為司法體系，但不叫做法院的還有司法院大法官會議，以及公務員懲戒委員會。前者是負責受理違憲審查、解釋並統一憲法及法律疑義，後者則是處理公務員相關的懲戒事宜。

所以說，我想吉人到底去哪裡？

一般來說，如果想要吉人的話，撇除特殊的案件管轄規則，單就「**以原就被**」這個原則來看的話，就是要去**被告所在的法院提起訴訟**。舉例而言，被告在台中的話就要去台中地院；被告在宜蘭就要去宜蘭地院。

但如果被告在台北的話就要注意囉，我大中華民國首都台北市的法院——台北地方法院，其實只管得了半個台北市喔！

換句話說，台北市有將近一半的行政區，台北地方法院可管不著，當你在台北上法院的話，得**先確定所在行政區對應的管轄法院**，才不會跑錯地方。

真der假der？台北國就是這麼狂？

是的，不要懷疑。台北地方法院的管轄範圍只限於台北市大安區、中正區、信義區、中山區、萬華區、松山區、文山區等天龍區，剩下的內湖區、南港區、大同區、士林區、北投區幾個化外之地，則是由士林地方法院管轄。

然而，雖然台北地方法院只管了半個台北，但同時又管轄了新北市的烏來區、新店區、深坑區、石碇區以及坪林區。士林地方法院也不遑多讓，順便管轄了新北市汐止區、淡水區、八里區、三芝區、石門區等，果然鄉民口中的「超北市長」是真的。

除此之外，整個北北基還有新北、基隆兩間地方法院，分別管轄新北市西半部行政區和基隆市及新北市東北部各區。

好好一個台北，為什麼要分這麼多法院？

時間回到三十年前，因為台北地區人口激增，越來越多人吉來吉去，原有的台北地院漸漸不堪負荷，於是在一九八一年在當時的土城鄉成立「台北地方法院板橋分院」（嗯，是的，你沒看錯，板橋分院在土城），管轄當時台北縣（也就是新北市）西半部十三鄉鎮市，而三年後，也就是一九八四年，再成立「台北地方法院士林分院」，管轄台北縣北部七個鄉鎮市和台北市東北部的五個行政區。一九九〇年，板橋分院改制為「板橋地方法院」；二〇一三年，因應台北縣升格新北市，改名為「新北地方法院」，總算不再發生所謂「板橋地院不在板橋」的怪事。

一九九五年，士林分院也改制為「士林地方法院」，當時台北市成了全台灣唯一擁有兩間地方法院的縣市。在二〇一六年九月橋頭地方法院成立之後，高雄成為全台灣第二個擁有兩間地方法院的縣市。

一九九八年，原本分別屬於台北地方法院及士林地方法院管轄的瑞芳區、雙溪區、平溪區、貢寮區及萬里區、金山區，因為距離台北、士林地方法院遙遠的關係（打官司還得翻過陽明山，有沒有搞錯？），因此改隸基隆地方法院管轄。

而到了二〇〇四年，士林地方法院將民事庭搬遷到內湖民權東路，刑事庭仍留在士林士東路舊址，成為了全國第一個民事庭、刑事庭分屬兩地的地方法院。所以在士林地方法院轄區的民事案件，得去民權東路的民事大樓，跑到士林是沒有用的喔～（誠所謂，太陽餅沒有太陽，老婆餅沒有老婆，台北地院只管半個台北，士林地院一半不在士林，總統府沒有總統，國民黨沒有……再說下去就要被查水表惹。）

總之，因為人口、距離還有歷史等因素，**北北基地區總共由四間地方法院管轄**，造成了台北市由兩間地方法院分別管轄、新北市由四間地方法院分別管轄的特殊狀況，但法院本來就是為了人們處理紛爭而開的，因此**以便利在地居民作為管轄劃分的方式**其實還滿貼心的，也是《法院組織法》授權司法院可以做決定的。

那法院會越開越多間嗎？關於這個問題，如果司法院覺得哪個地區案件越來越多，民眾都愛到該地區吉人的話，就有可能為了應付龐大的案件量再開一間法院喔（愛開玩笑）。

最後，為各位讀者整理北北基四間地方法院以及大高雄地區錯綜複雜的管轄區域，想吉人的話可以參考一下喔！

想吉人的話看這裡～

吉 台北地方法院：

- **台北市**——大安區、中正區、信義區、中山區、萬華區、松山區、文山區
- **新北市**——烏來區、新店區、深坑區、石碇區、坪林區

吉 士林地方法院：

- 台北市——內湖區、南港區、士林區、北投區、大同區
- 新北市——汐止區、淡水區、八里區、三芝區、石門區

吉 新北地方法院：

- 新北市——板橋區、中和區、永和區、土城區、三峽區、鶯歌區、樹林區、三重區、新莊區、蘆洲區、五股區、泰山區、林口區

吉 基隆地方法院：

- 基隆市
- 新北市——瑞芳區、雙溪區、平溪區、貢寮區、萬里區、金山區

＊高雄地方法院與橋頭地方法院管轄區域：

二〇一六年九月橋頭地方法院成立，
在高雄地區的讀者要注意一下所在行政區的管轄法院喔！

高雄地方法院：

- 高雄市——小港區、旗津區、前鎮區、苓雅區、新興區、前金區、三民區、鼓山區、鹽埕區、鳳山區、大寮區、林園區

橋頭地方法院：

- 高雄市——那瑪夏區、桃源區、茂林區、六龜區、甲仙區、杉林區、美濃區、旗山區、內門區、田寮區、阿蓮區、路竹區、湖內區、茄萣區、永安區、彌陀區、岡山區、燕巢區、大樹區、鳥松區、仁武區、大社區、橋頭區、梓官區、楠梓區、左營區、太平島、東沙島

召　喚　法　力

法 律 白 話 文 小 學 堂

作　　者——法律白話文運動
發 行 人——王春申
總 編 輯——李進文
主　　編——張召儀
特約編輯——廖恒藝　江鎬佑
美術設計——江孟達工作室

營業組長——何思頓
行銷組長——張家舜
影音組長——謝宜華

出版發行——臺灣商務印書館股份有限公司
23141 新北市新店區民權路 108-3 號 5 樓（同門市地址）
電話（02）8667-3712　傳真（02）8667-3709
讀者服務專線 0800056196
郵撥 0000165-1
E-mail ecptw@cptw.com.tw
網路書店網址 www.cptw.com.tw
Facebook facebook.com.tw/ecptw

局版北市業字第 993 號
初　　版——2019 年 1 月
初版五刷——2021 年 6 月
印　　刷——沈氏藝術印刷股份有限公司
定　　價——新台幣 390 元
法律顧問——何一芃律師事務所
有著作權・翻印必究
如有破損或裝訂錯誤，請寄回本公司更換

國家圖書館出版品預行編目（CIP）資料

召喚法力：法律白話文小學堂／法律白話文運動 著．
-- 初版．-- 臺北市：臺灣商務，2019.01
352 面；14.8×21 公分．--（Ciel）
ISBN 978-957-05-3183-1（平裝）
1. 法律　2. 通俗作品
580　　107020437